ТО, ЧТО ЕСТЬ, КАК ОНО ЕСТЬ

САТСАНГИ С ПРАБХУДЖИ

ТО, ЧТО ЕСТЬ, КАК ОНО ЕСТЬ

САТСАНГИ С *Prabhuji*

ТО, ЧТО ЕСТЬ, КАК ОНО ЕСТЬ
САТСАНГИ С ПРАБХУДЖИ

© 2019

Второе издание

Напечатано в Соединенных Штатах Америки
Все права защищены. Ни одна из частей данной книги не может быть воспроизведена, переиздана или опубликована в любом виде и любым способом без предварительного письменного согласия издателя.

Издатель:
Prabhuji Mission
319 Route 31
Round Top, NY 12473
USA
Веб-сайт: www.prabhuji.net
И-мейл: info@prabhuji.net
ISBN-13: 978-1-945894-18-3
ISBN-10: 1-945894-18-0

Содержание

Вступительное слово 9
Введение 13
Дверь в бесконечность 17
Найди свое положение в жизни 25
Асана – животворная йогическая поза 35
Открой волшебство однообразия 43
Карма-йога – искусство действовать 53
Действие и реакция в карма-йоге 61
Общность 67
Подавление и сублимация 77
Желание 85
Прыжок в сферу реального 93
Желание скрывает от нас реальность 99
Медитация – путь к свободе 107
Созерцание внутреннего конфликта 113
Самопознание 121
В поисках ищущего 125
То, что есть, как оно есть 133
Приложения 139
Глоссарий санскритских терминов 141
Указатель цитат 153
Об авторе 159
О миссии 161
Об ашраме 163
Подробная биография Прабхуджи 165

С глубочайшей благодарностью посвящается моему возлюбленному духовному мастеру — видящему, просветленному, тому, кто есть никто — лишь присутствие... чайка, которая больше всего на свете любит летать.

Вступительное слово

История моей жизни – всего лишь долгое путешествие от того, чем я себя считал, к тому, чем на самом деле являюсь. Это повесть о выходе за пределы личного и универсального, частичного и целого, иллюзорного и реального, кажущегося и истинного. Полет за грани временного и вечного, тьмы и света, человеческого и божественного. История эта не достояние общественности, а нечто глубоко личное и сокровенное.

Лишь то, что имеет начало, имеет и конец; что имеет исток, имеет и завершение. Живущий в настоящем не рождается и не умирает, ибо не имеющее начала никогда не кончается.

Я ученик видящего, просветленного, того, кто есть никто. В своем духовном детстве я принял посвящение от лунного света. Меня вдохновила чайка, которая больше всего на свете любила летать.

Влюбленный в невозможное, я пересек вселенную вслед за звездой. Прошел тысячу дорог по следам тех, кто видел. Я шел с глубочайшим уважением к ним, но всегда по-своему.

Словно океан, томящийся по воде, я искал приюта в собственном доме.

Я просто посредник, делящийся с другими собственным опытом. Я не наставник, учитель, инструктор, воспитатель, психолог, просветлитель, педагог, миссионер, раввин, посек-халаха, целитель, сатсангист, ясновидящий, вождь, медиум, спаситель или гуру. Я всего лишь путник, у которого можно спросить дорогу. Я с радостью покажу тебе место, по достижении которого все успокаивается. Место по ту сторону солнца и звезд, желаний и хотений, концепций и выводов, времени и пространства – по ту сторону тебя.

Все мы рождаемся художниками. А поскольку я застрял в детстве, то до сих пор считаю себя одним из них. Я чудак со стажем, и творчества для меня более чем достаточно. Постоянство содержит в себе крупицу смерти, поэтому мы, художники, выбираем непредсказуемость. Мы наделены особым даром – ходить в темноте, освещая себе путь собственным светом. Мы видим, какая пропасть отделяет откровение от наших работ, и живем, тщетно пытаясь верно передать тайны духа.

Я рисую вздохи, надежды, молчания, стремления и печали – внутренние пейзажи и закаты души. Я художник неописуемого, невыразимого и неопределимого, таящегося в наших глубинах. Быть может, я просто пишу цвета и рисую слова.

Еще в детстве меня пленили маленькие бумажные окошечки: благодаря им я посещал новые места, встречался с людьми и заводил друзей.

В мои намерения не входит кого-либо в чем-либо убеждать. Я не преподношу некую теологию или философию, не проповедую и не учу, а только размышляю вслух. Эхо этих слов способно привести тебя в беспредельное пространство покоя, безмолвия, любви, бытия, сознания и абсолютного блаженства.

У меня нет ни посланий, ни учений – я просто кричу в ночи: «Спасайся кто может!». И я искренне говорю, что может каждый – ты уж мне поверь!

Ищи не меня, а себя. Не я тебе нужен, ибо единственное, что имеет значение, это ты сам. То, чего ты жаждешь, обитает внутри, здесь и сейчас – это и есть ты.

Избегай славы, ибо подлинное величие основано не на чужих мнениях, а на том, чем ты на самом деле являешься.

К несчастью, общепринятая мудрость, похоже, распределена поровну: у всех людей её столько, что почти ни у кого нет места для собственной.

Ставь блаженство выше успеха, жизнь – выше репутации, мудрость – выше информации.

Если ты добьёшься успеха, то познаешь не только восхищение, но и подлинную зависть. Однако зависть – лишь дань уважения, которую посредственность платит таланту; лишь открытое признание собственного ничтожества.

Всегда помни, что существует много разных созданий, но мало людей. Эти последние не лают, не мяукают и не кричат по-ослиному: они размышляют, и слова их достойны того, чтобы послушать. Ибо в наши дни много тех, кто кричит ослом, мало тех, кто говорит, и еще меньше тех, кто поет.

Мой совет: летай свободно и не бойся ошибаться. Обучись искусству превращать ошибки в уроки. Никогда не вини других в собственных промахах: помни, что готовность полностью принять на себя ответственность за свою жизнь – признак зрелости. Летая, ты узнаешь, что главное – не коснуться небес, а набраться смелости расправить крылья. Чем выше взлетишь, тем меньше и незначительнее покажется мир. В пути ты рано или поздно поймешь, что всякий поиск начинается и оканчивается в тебе.

Твой безусловный доброжелатель,
Прабхуджи

Введение

Фрагмент сатсанга 18 апреля 2010 г.

Эти встречи – не уроки и не лекции. Их можно назвать только сатсангами, то есть встречами с истиной. Санскритское слово «сатсанг» состоит из двух частей: «сат» или «сатья» («истина») и «санга». Слово «санга» встречается во многих контекстах: садху-санга, санга учеников Господа Будды. «Санга» значит «вместе», «сообща».

Урок или лекция – это встреча на вербальном или ментальном уровне, встреча на уровне слов и интеллекта. Это встреча преподавателя со студентами, на которой происходит обучение. От соприкосновения умов может возникнуть знание, но не мудрость, поскольку мудрость расцветает лишь в санге.

На встрече преподавателя со студентами происходит общение: они могут быть близки, но они не вместе. Санга возникает в общности, а не в общении. Общность – это встреча душ, встреча на уровне духа, сердца, присутствия.

Истина рождается в единении, поэтому главное на такого рода встречах – не передаваемая информация, а пребывание вместе. Не так важны слова и фразы, как то, на что они указывают. Вся суть в этой «совместности».

Удивительно, как близко можно быть физически и как далеко в действительности. На свадьбах иногда встречаешь супругов, которые много лет прожили вместе. Они живут под одной крышей, едят за одним столом и даже спят в одной постели, однако между ними огромное расстояние. Расстояние это измеряется не километрами, метрами или милями, но все же оно непреодолимо. С другой стороны, среди ваших знакомых, возможно, есть человек, который по той или иной причине живет в разлуке с близкими. Как бы далеко они ни были, сердцем он не здесь, а с ними.

Сердцем духовный мастер и ученик тоже вместе, по-настоящему вместе, и именно это и происходит во время сатсанга: «совместность», единение, своего рода йога. В «Бхагавад-гите» (4.34) сказано:

> *tad viddhi praṇipātena*
>
> *paripraśnena sevayā*
>
> *upadekṣyanti te jñānaṁ*
>
> *jñāninas tattva-darśinaḥ*

Если хочешь найти Истину, обратись к духовному мастеру, почтительно вопрошай и смиренно служи ему. Узревший Истину способен показать и передать ее тебе.

Ученик должен вопрошать. Однако речь не о том, чтобы задавать много вопросов, а о том, чтобы самому быть вопросом. Быть вопросом – значит оставить в стороне все, что знаешь. Это значит отказаться от всех идей и выводов и предстать обнаженным перед таттва-даршином, то есть узревшим Истину.

Чем больше я избавляюсь от того, что, как мне кажется, я знаю, – от собственных взглядов и готовых суждений, – тем больше освобождаюсь от своей обособленности и тем ближе могу подойти. Если я не знаю, я не просто спрашиваю, а сам становлюсь вопросом. У меня больше нет ответов, потому что всякий ответ будет порожден прошлым, сведениями, которые я накопил за свою жизнь, знанием, известным. Это не мои ответы. Ученик – это тот, кто понял: у меня нет своих ответов! Разумеется, отвечать я умею: я знаю о Наполеоне и египетской цивилизации, знаю арифметику и географию, знаю, где находится Бразилия и Испания, но все это не мои ответы. Я получил их, взаимодействуя с обществом: школьными учителями, университетскими преподавателями, родителями, друзьями и т. д. Я создавал и накапливал образы, и теперь у меня имеется целая коллекция образов всех и вся. О чем ни спроси, в ответ я предоставлю подходящий образ. Однако это знание я приобрел во внешнем мире – оно не мое!

Как у ученика, у меня нет ответов – я всего лишь вопрос. Я обладаю достаточным смирением, чтобы сказать: «Я не знаю», а это и значит стать ближе: санга, сообща, вместе.

Чтобы быть по-настоящему вместе, нужно занять позицию ученика: отказаться от собственных ответов, взглядов, идей, концепций и выводов… и тогда какая может быть разница между тобой и мной, между ней и им?

Мы вместе, и в этой совместности рождается санга, расцветает Истина. Мы есть Истина.

Дверь в бесконечность

13 июля 2010 г.

На Западе нет единого мнения, что такое хатха-йога, асана и йога в целом. Те, кто посещает занятия по йогической философии, говорят: «Ну, йога – это такая индуистская философия», – и описывают, как студенты слушают преподавателя. Многие практикуют медитацию на мастер-классах и в специальных организациях. На вопрос, что такое йога, они отвечают, что это медитация, и описывают людей, сидящих с закрытыми глазами. Разумеется, есть и такие, кто занимается хатха-йогой во всевозможных студиях и центрах. Они ходят на занятия с ковриком и обычно озабочены всем, что касается здоровья. Если спросить их, что такое йога, они скажут, что это очень полезный для здоровья способ оставаться в форме. Каждый пытается дать определение понятию «йога», и каждый по-своему прав, однако йога – это нечто большее.

Некоторые сравнивают йогу с деревом, корни которого – яма, ствол – нияма, а сок – хатха-йога, наполняющая все тело жизненной силой. Листву можно сравнить с пранаямой, кору — с пратьяхарой, или направлением пяти чувств внутрь: она придает дереву определенную форму и не дает ему развалиться. Дхарана — это ветви, дхьяна — плоды, поскольку медитация — плод йоги: у нее все-таки есть цель, как и у плода, служащего пищей. И, наконец, самадхи (просветление) — это цветы, лишенные всякой цели: цветок — это чистая красота, цвет, аромат.

Итак, вырвать одну часть из контекста всего дерева и попытаться определить через нее йогу — значит совершить грубую ошибку. Да, йога — это в том числе телесный аспект, так же как дерево — это в том числе корень, ствол и листва. Однако если мы рассмотрим хатха-йогу в контексте йоги в целом, то увидим, что телесный аспект подобен коридору или воротам: он нужен, чтобы достичь чего-то иного.

Сущность йоги — познавать и изучать, чтобы получить возможность сначала созерцать, а затем превзойти. Например, в раджа-йоге мы познаем ум, чтобы выйти за его пределы. Точно так же через асану мы познаем тело, изучаем его и, наконец, проходим сквозь него, как сквозь дверной проем.

В своих «Йога-сутрах» (2.46–48) Патанджали Махариши говорит:

sthira-sukham āsanam

Асана устойчива и удобна.

prayatna-śaithilyānanta-samāpattibhyām

Асана достигается снятием напряжения и медитацией.

tato dvandvānabhighātaḥ

Достигая асаны, человек также становится неуязвим для пар противоположностей.

В этих сутрах заключены великие тайны. Что такое хатха-йога? *Sthira-sukham āsanam* означает, что асана стабильна, устойчива и удобна. Асана — это поза. Почему же так важно, чтобы она была устойчивой и удобной?

Необходимо понимать, что процесс обучения, предлагаемый санатана-дхармой, в корне отличается от известного нам. Мы привыкли, что изучать — значит запоминать. Чем больше мы помним, тем больше знаем и тем больше экзаменов можем сдать: мы запоминаем, кто такие египтяне, кто такой Наполеон, как спартанцы сражались в битве при Фермопилах… Запоминаем и запоминаем!

Религия, напротив, это процесс забывания. Чем больше ты забываешь, тем ближе становишься к дому, к месту, которого никогда не покидал. Так, в хатха-йоге мы стремимся забыть о теле. Обратите внимание, что мы вспоминаем о нем, когда что-то не так: головная боль напоминает нам о голове, артрит — о суставах, растяжение — о мышцах. Другими словами, боль, зуд и дискомфорт напоминают о теле. А поскольку асана стабильна, устойчива и удобна, она приводит нас в состояние, в котором мы о теле забываем.

Забыть о теле непросто. Это значит забыть концепцию, в соответствии с которой мы живем, — телесную концепцию жизни. Хатха-йога помогает забыть о своей форме: мы забываем себя как нечто ограниченное в пространстве и времени, себя как кого-то, себя как объективированный феномен. А происходит это, когда нам удобно.

С помощью асан хатха-йога помогает приспособиться к собственному телу. Мы живем в теле, но нам неудобно. Однако чувство дискомфорта проходит, когда мы забываем о теле. В дальнейшем мы можем забыть и многое другое, например, это поразительное человеческое изобретение – эго, или Я. Представьте, что бы мы делали без эго, без этого понятия, без Я-идеи. Как бы мы общались? Как бы строили отношения друг с другом? Без эго все это совершенно невозможно. Так что эго – фантастическое изобретение.

Однако жить, постоянно беспокоясь только о себе – я хочу, я не хочу, мне нравится, мне не нравится, только я имею значение, – это болезнь, называемая эгоизм, то есть одержимость собственным Я. Мы не можем забыть о своем Я. Эта одержимость подобна головной боли, постоянно напоминающей о голове. Эгоизм все время напоминает нам о нашем Я, не давая ни забыть о нем, ни действовать свободно. На высшем уровне йоги мы забываем себя.

Тело – это дверь, это начало. Забытое тело подобно открытой двери: ты проходишь в нее, не чувствуя преграды. Если ты чувствуешь дверь, значит, она закрыта: ты упираешься в нее лицом и не можешь пройти. Точно так же, когда телу удобно, ты о нем забываешь и можешь пройти сквозь него, ничего не почувствовав. Когда же ты забываешь об уме, он становится последней дверью, ведущей в бесконечное, в вечность.

В сутре 47 Патанджали продолжает:

prayatna-śaithilyānanta-samāpattibhyām

Асана достигается снятием напряжения и медитацией.

Медитацией. Асана — это состояние медитации.

А сутра 48 гласит:

tato dvandvānabhighātaḥ

Достигая асаны, человек также становится неуязвим для пар противоположностей.

Мы выходим за пределы пар противоположностей, когда в совершенстве овладеваем техникой выполнения асаны. Многим это кажется странным: как можно выйти за пределы пар противоположностей посредством телесной позы?

Пары противоположностей — это ум. Ум постоянно движется, словно пчелка, порхающая с цветка на цветок в поисках счастья.

Может, эта шоколадка сделает меня счастливым?

Может, эта сигарета сделает меня счастливым?

Нет! Больше счастья мне принесет эта кружка пива.

А лучше — музыка... телевизор... новая машина...

Я стану счастливым, когда женюсь... или когда заведу детей...

Ум постоянно движется между парными противоположностями, в двойственности притяжения и отторжения, привязанности и отвращения. Мы внутренне надломлены, живем в состоянии расщепленности и конфликта: одно — приятное и удобное, но плохое; другое — трудное и неудобное, но хорошее. Нам понятен этот конфликт, внутренняя борьба, столкновение парных противоположностей и постоянное движение ума. Но как преодолеть все это посредством телесной позы?

Чтобы это постичь, необходимо понять то, что мудрецы древности открыли давным-давно: ум и тело —

не два разных явления, а просто две стороны одного и того же феномена, как два конца одной веревки. Тело – всего лишь внешнее проявление ума. Пять чувств – это ум, проявляющий себя вовне. Когда мы видим, видят не глаза, а ум. Когда касаемся, касается ум. Когда ощущаем запах, его ощущает ум. Именно ум – посредством тела – движется в мире имен и форм, в мире относительного. Поскольку ум и тело – одно и то же, наше душевное состояние отражено в позе. По позе, жестам и выражению лица можно определить, что человек раздражен, счастлив, доволен, грустит или устал, потому что ум и тело взаимосвязаны; ум и тело – одно и то же.

Асана статична. Когда ты в асане и всякое движение в теле прекращается, что-то происходит на ментальном уровне – вернее, перестает происходить: движение начинает затухать. Ты взял верх над умом с ближайшей к себе стороны – со стороны тела. Через тело можно влиять на ум с помощью асаны, этого искусства остановки.

Не нужно подавлять: Патанджали говорит, что асана должна быть удобной. Она достигается не насильственно, не вопреки телу, а вместе с телом: просто надо в совершенстве овладеть умением останавливаться. Когда ты неподвижен, когда тело не двигается и тебе удобно, наступает момент, в который ум останавливается. Конфликт между парами противоположностей исчезает. А когда исчезает разделенность, внутренний излом, движение, внутренняя деятельность… ума больше нет! Потому что ум и есть движение. Подлинная реальность ума – это движение.

И так наступает момент забывания: сначала забывается тело, чтобы в конце концов забыть ум. Ум забыт, но это не ты его забываешь: когда ум останавливается, ты забываешь самого себя, чтобы возродиться во вспоминании. Ты забываешь то, чем себя считаешь; чем себя мнишь; чем, как тебя убедили, как тебе сказали, ты являешься; чем ты себя помнишь. Забываешь, чтобы возникнуть из этого забывания, возникнуть во вспоминании, в котором вспоминается бытие. Это вспоминание того, чем ты на самом деле являешься.

Тело – первая дверь, ведущая на более глубокие, внутренние уровни. Ум – дверь последняя. Когда ты пересекаешь ее порог, тебя больше нет, но ты существуешь. Ты существуешь, но тебя нет. Ничто не меняется, но ничто уже не будет прежним.

Найди свое положение в жизни

17 июля 2010 г.

Хатха-йога, вероятно, древнейшая из всех известных человечеству систем психофизиологического развития. Она начинается с практики асан, то есть поз. Асана — третье звено аштанга-йоги Патанджали Махариши. Чтобы лучше понять, что такое асана, следует обратиться к «Йога-сутрам» Патанджали.

«Йога-сутры» разделены на четыре главы, называемые падами, то есть стопами. Как стол стоит на четырех ножках, так «Йога-сутры» держатся на четырех падах. Эти четыре главы написаны в форме сутр, в которых, словно в капсулах, максимум мудрости заключен в минимум слов.

В «Садхана-паде» (второй главе), в сутре 46 Патанджали объясняет, что такое асана:

sthira-sukham āsanam

Вот что такое поза: *sthira-sukham āsanam*. *Поза устойчива и удобна. Другими словами, когда ты чувствуешь себя устойчиво и удобно, ты в асане.* Однако не всякое положение тела — это асана.

Сутра 47 гласит:

prayatna-śaithilyānanta-samāpattibhyām

Асана достигается снятием напряжения и медитацией.

Это указание, наставление, как достичь асаны, как ее найти и утвердиться в ней.

А сутра 48 добавляет:

tato dvandvānabhighātaḥ

Достигая асаны [в совершенстве овладевая техникой ее выполнения], человек также становится неуязвим для пар противоположностей.

Остановимся на этих трех сутрах подробнее, дабы понять, что же такое асана.

Сутра 46 гласит:

sthira-sukham āsanam

Асана устойчива и удобна.

Большинство из нас практикует хатха-йогу и знает, что выдерживать асану – значит находиться в определенной позе в течение некого времени, чувствуя себя устойчиво и удобно и пребывая в созерцательном, медитативном состоянии.

Некоторые пытаются делить йогические позы на телесные и медитативные, однако на самом деле любая поза и медитативна, и телесна. Пока мы не овладели позой в совершенстве, мы считаем ее телесной, поскольку все еще боремся и прилагаем усилия, чтобы ее принять. Однако добившись определенного уровня мастерства, мы начинаем воспринимать ее как медитативную.

Чтобы углубиться в изучение йогической позы, необходимо понимать, что древние ведийские мудрецы, как и йога в целом, не считали, будто физическое тело существует независимо от ума. Психический и физический план не отделены друг от друга. Напротив, это разные аспекты одного феномена, одной реальности. Ум есть тело, тело есть ум. Тело – это внешнее проявление ума; это ум на физическом плане.

С точки зрения санатана-дхармы, в которой и зародилась йога, человек – не просто физическое тело с душой внутри. В нем множество граней, уровней и аспектов: физический, ментальный, эмоциональный, энергетический… Поэтому когда Патанджали описывает позу, он явно подразумевает не только положение тела. Когда Патанджали говорит, что асана устойчива и удобна, он имеет в виду как тело, так и все то, что заключает в себе человек.

После этого вступления можно перейти к анализу устойчивости и удобства в асане.

Согласно йоге, болезнь – одно из главных препятствий на духовном пути. И дело не только в том, что болезнь не дает нам посвятить себя учению или общаться с духовным мастером. Причина кроется гораздо глубже: боль, недомогание и дискомфорт напоминают нам о теле. Мигрень напоминает о голове, несварение – о желудке, растяжение – о мышце. Естественно, это приводит к сильному беспокойству на ментальном уровне, поскольку тело и ум связаны друг с другом.

Поэтому поза должна быть устойчивой и удобной. Если тебе удобно, тело забывается. Когда нет несварения, ты не помнишь о желудке. Когда нет растяжения и мышцам комфортно, ты их не чувствуешь. Когда голова не болит, ты о ней не помнишь и воспринимаешь ее как огромную дыру в мироздании, из которой следишь за всем происходящим.

В удобной позе, то есть в асане, ты забываешь о своей анатомии, о своем телесном аспекте, что подразумевает нечто гораздо большее, чем просто забывание тела. Ты забываешь определенный взгляд на жизнь, определенную концепцию – свое телесное отношение к жизни.

Что же мы забываем? Не только аспект, ограниченный в пространстве и времени, – свою форму, – но и представление о том, что я есть тело, я родился в тот день, когда появилось тело, я люблю всех, кто так или иначе имеет отношение к этому телу: детей, жену, племянников, внуков, соотечественников, потому что все они – продолжение моего тела.

Забыть – значит больше не искать счастья и блаженства через тело и органы чувств, не пичкать тело шампанским и дымом. Если я хочу счастья и я есть тело, единственный способ стать счастливым – доставить телу удовольствие. Однако мы остаемся такими же несчастными, потому что мы – не только тело. Тело – один из наших аспектов, но далеко не единственный.

Утвердиться в асане – значит забыть ограниченное представление о себе и о жизни, забыть тело и поклонение тому географическому месту, где оно появилось на свет: «Я чилиец: Чили – самая прекрасная страна!»; «Я англичанин: Англия – самое могущественное государство! Англичане лучше всех!»; «Я русский: Россия – Родина-мать».

Если мы забудем себя на телесном уровне, то рано или поздно забудем и на ментальном, потому что тело и ум — одно и то же, две стороны одного феномена, одной реальности. По телу можно судить о том, что происходит с человеком на ментальном уровне: грусть, счастье, наслаждение, ревность, злоба — все это отражается на лице и в позе. Все, что происходит в уме, проявляется в теле. Детекторы лжи улавливают электрические реакции в организме, поскольку происходящее в уме проявляется в мозгу, а происходящее в мозгу проявляется в теле. Ум и тело — как два конца одной веревки. Поэтому когда в асане ты забываешь о теле, на ментальном уровне происходит забывание ума.

Почему же это забывание настолько важно? Нас всегда учили помнить. Еще со школы выучить — значит вызубрить к экзамену. Если мы помним то, о чем нас спрашивают, мы успешно сдаем экзамен. Если не помним, нас ждут неприятности. Помнить — значит знать, помнить — значит двигаться вперед.

На пути религии, в духовной сфере все с точностью до наоборот: это процесс забывания — по той простой причине, что эго есть память и воспоминание. Следовательно, если путь религии — это выход за пределы эго, то выйти за пределы себя — значит забыть.

Мы есть память, мы есть воспоминание о чужих мнениях и идеях — обо всем, что о нас когда-либо говорилось. В первое же мгновение жизни нам сообщили наше имя: «Ты Джозеф, ты Джон, ты Роза, ты Мириам — вот кто ты». И мы запомнили.

С тех пор мы продолжали запоминать: ты хорошенькая, ты уродина, ты умен, ты невыносим, ты учитель, ты врач и т. д. Однако в этом скопище идей нет ни одной твоей – ни одного собственного открытия. Это собрание чужих мнений о том, что ты собой представляешь; мнений, основанных на авторитете других людей, – ни одно из них не основано на твоем собственном авторитете.

Когда нас спрашивают, кто мы, мы вытаскиваем список: я чилиец, я русский, я аргентинец, я отсюда, я оттуда, я Джон, я Майкл, я Мэри и т. д. Это приводит ко стольким комплексам неполноценности! Все значится в списке: я врач, я учитель, я банковский служащий. Данное нагромождение идей и есть эго. Итак, выйти за пределы Я-идеи – значит забыть, потому что ум есть запоминание. Тот, кто способен забыть тело, постепенно продолжит забывать и на всех прочих уровнях.

Как же этого достичь? В сутре 47 Патанджали говорит:

prayatna-śaithilyānanta-samāpattibhyām

Асана достигается снятием напряжения и медитацией.

Вот к чему ты привык: «Как этого добиться? Как сделать? Как получить?». За все, чего желаешь, к чему стремишься, чего хочешь, приходится бороться, потому что ты действуешь с позиции недостачи, с позиции отсутствия. Ты идешь по жизни с глубоким убеждением, что тебе чего-то не хватает. Кажется, будто можно заполнить эту пустоту через обладание, а чтобы обладать, нужно прилагать усилия. Однако ты не осознаешь, что не хватает именно тебя. Именно ты отсутствуешь здесь и сейчас.

Эго – огромная яма, в которую мы постоянно что-то бросаем: вещи, деньги, славу, почести, людей… Яма никогда не уменьшается; напротив: она постоянно растет. Нас всегда учили прилагать усилия, делать. Эго – великий деятель, который делает, чтобы получать и достигать.

Все это происходит в обществе, в материальном мире. Однако в сфере религии, в области духовности, если хочешь обрести такие духовные блага, как медитация, просветление, Бог, душа, необходимо расслабиться. Подобные блага появляются, только если дать им такую возможность. Другими словами, если снять напряжение. Напряжение – своего рода препятствие, которое не дает случиться тебе, не дает случиться сознанию, не дает небу ласкать тебя. Напряжение и беспокойство – это препятствия: любое духовное благо приходит, лишь когда ты расслаблен.

Ты можешь обрести то, чем являешься, только когда не пытаешься его обрести. Когда ты пытаешься обрести, возникает напряжение и беспокойство. Снять напряжение – значит выйти за пределы эго, потому что эго и есть напряжение и беспокойство. Таким образом, снятие напряжения – это способ достичь асаны, своей позы. А когда будет поза, будет и медитация.

Поза – нечто гораздо большее, чем позиция тела. Мы также занимаем позицию по отношению к ситуации, к человеку, к жизни. Это не просто поза, а точка зрения на что-либо. Если оглядеться вокруг и посмотреть на мир, на людей, которые движутся туда-сюда – от одной работы к другой, от одного дома к другому, от одной профессии к другой, – ты увидишь, что все ищут свое положение, потому что все неустойчивы.

Всеми нами движут иллюзии, желания и соблазны, и все мы вечно ищем чего-то большего. Потому что нам неудобно! Мы ищем свое положение. Найти положение – значит найти себя, ведь когда мы находим место, мы находим того, кто там пребывает. Найти позу – значит утвердиться, а именно к этому мы все и стремимся: найти свое место и утвердиться в нем.

Где же это устойчивое и удобное место? В сутре 48 Патанджали говорит:

tato dvandvānabhighātaḥ

Достигая асаны, человек также становится неуязвим для пар противоположностей.

Ум не движется – он и есть движение и деятельность. Вот почему в начале «Йога-сутр» Патанджали Махариши говорит: «*Yogaś citta-vṛtti-nirodhaḥ*», – то есть йога – это состояние, в котором ум спокоен и отсутствует умственное движение вритти. Следовательно, когда мы в совершенстве овладеваем техникой выполнения асаны и утверждаемся в ней, тело становится неподвижным, и ум тоже становится неподвижным: больше нет ментального движения, ментальных волн.

Поскольку ум представляет собой движение и деятельность, когда он останавливается... его больше нет! Спокойный ум – это ум, которого нет, потому что ум подобен танцу: как только мы перестаем двигаться, танец исчезает. Танец – это само движение. Если мы танцуем, танец есть, но если мы останавливаемся, его нет. Так и ум – это движение вритти, то есть мыслей. Когда же он достигает устойчивого состояния и перестает двигаться, его больше не существует.

Ты есть ум, поэтому в неподвижности асаны тебя нет. Тебя нет, но ты существуешь. Иными словами, ты существуешь как присутствие, однако твоего внутреннего мира представлений, идей и мнений больше нет. Говорят, что с исчезновением эго исчезает мир. На самом деле исчезает именно твой мир — твой способ воспринимать его и интерпретировать. Тебя как отдельного существа, отрезанного от мироздания, больше нет. Исчезает то, чем ты себя считаешь, чем ты себя мнишь, чем, как тебе внушили, ты являешься, — исчезает все это скопище идей. Однако ты существуешь как то, чем являешься на самом деле: как твоя подлинность, твоя реальность.

Патанджали говорит: «*Sthira-sukham āsanam*» — «Асана должна быть устойчива и удобна». Все блуждают в поисках своей позы в жизни. Найти ее — значит найти себя. Неслучайно в Книге Бытия (3:9) всеведущий Господь задает Адаму вопрос: «Айека?» — «Где ты?». Много лет я спрашивал себя, как такое возможно: неужели Бог, которому ведомо все, не знает, где Адам? В конце концов я пришел к выводу, что это не вопрос, а скорее совет: «Где ты?». Найди себя среди всего того, что тебе принадлежит: мой дом, моя страна, моя семья, мое тело, моя нога, моя рука, моя голова, мое сердце, мой мозг, мой ум, мой дух, моя душа. Но где же то, что можно назвать Я? Если ты обнаружишь, где ты, если определишь свое местонахождение… ты найдешь себя.

Сиденье гуру — особое сиденье. Ученики сидят на полу, а гуру — в большом кресле, которое называется вьясасана, или асана Вьясы, потому что оно предназначено для того, кто нашел свою асану, изначальную асану.

Если ты находишь свое положение — здесь, где ты, а не там, где твое тело, ум или мысли; если ты упрочиваешься в «здесь», ничто не способно сдвинуть тебя с места: ни иллюзии, ни желания, ни фантазии. Ты чувствуешь себя настолько устойчиво и удобно, что ничто во вселенной не способно тебя прельстить.

Говорят, что такой человек, куда бы он ни шел — даже если он, подобно Нараде, проповедует и странствует по всем мирам, — всегда пребывает здесь. Тот, кем не движут воспоминания, тоска о прошлом, воображение или амбиции, всегда пребывает в сейчас, только в сейчас, движется в вечном сейчас, в вечном мгновении… Он не движется в прошлом или с позиции прошлого, а пребывает в здесь и сейчас.

Искать асану — значит искать себя. Спросить: «Где я?» — все равно что спросить: «Кто я?». Открытие состоит в том, что в двойственном мире относительности мы ищем удовольствия, наслаждения и счастья, и когда нам говорят о просветлении — о том, чтобы найти себя или свою позицию, — мы можем подумать, будто речь идет о великом наслаждении или великом счастье. Но те, кто знает, скажут, что это не так: реализация твоей истинной природы дарует комфорт находиться там, где надлежит, и быть тем, чем ты являешься. Это такое состояние комфорта, в котором ничто не способно тебя прельстить, потому что большее удовольствие просто невозможно.

Твое подлинное место и есть этот комфорт — трансцендентный комфорт.

Асана – животворная йогическая поза

25 июля 2010 г.

Чтобы понять, что такое асана, лучше всего обратиться к «Йога-сутрам» Патанджали Махариши. Ни один другой текст не сравнится с этим сборником сведений о йоге. В главе 2, сутре 46 Патанджали говорит о садхане:

sthira-sukham āsanam

Асана устойчива и удобна.

Необходимо понимать, что йога не рассматривает ум как нечто отдельное от тела. Другими словами, хатха-йога – дисциплина не только телесная. Она направлена на все аспекты человеческого существа: физический, ментальный, эмоциональный и энергетический.

Следовательно, когда Патанджали говорит об асане, он имеет в виду нечто гораздо большее, чем просто телесную позу. Нельзя воспринимать асану как гимнастику или физкультуру, ведь Патанджали говорит не только о положении тела, а о положении вообще.

Каково твое положение в жизни?

На протяжении многих лет и реинкарнаций все вокруг только и делают, что меняют положение: из холостяков в супруги, из супругов в родители. Мы постоянно к чему-то стремимся: стать миллионером, знаменитостью, врачом, юристом, солдатом, американцем, итальянцем и т. д. Другими словами, практически каждый старается что-то изменить, словно скитаясь в поисках своего положения.

Патанджали говорит, что свою асану, свое положение можно узнать. После долгих поисков ты поймешь, что наконец-то его достиг, ведь оно будет стабильным, устойчивым и удобным: *sthira-sukham āsanam*. Если присмотреться, ты увидишь, что сейчас твое положение в мироздании неустойчиво: оно постоянно меняется, поскольку тебе неудобно.

Одно из значений слова «гуру» – «тяжелый». Иными словами, ничто не способно сдвинуть его с места. Нами движут желания, нами движут амбиции, нами движет стремление к удовольствию и наслаждению. Мы неустойчивы.

Интересно, что слово «асана» обозначает именно сидячее положение. Это не стоячая поза, в которой есть нечто от раджаса – усилие, необходимое, чтобы удержаться на ногах. Не относится слово «асана» и к лежачей позе, поскольку лежачая поза тамасична. Асана – ни одна крайность, ни другая. Пребывать в асане – значит сидеть, но сидеть устойчиво, неподвижно – так, чтобы ничто не могло вывести тебя из твоего положения в жизни. Однако достигается это не подавлением, не потому, что так надо, не борьбой с телом или собой. Просто асана должна быть устойчивой, стабильной и удобной.

Когда тебе удобно, потребность двигаться отпадает. Другими словами, если мы меняем свое положение в жизни – из холостяков в супруги, из супругов в родители, из родителей во врачи или преподаватели, а затем в миллионеры или знаменитости, – значит, нам некомфортно: мы еще не нашли устойчивое и удобное положение.

Ум и тело – одно и то же. Поза включает как телесный аспект, так и ментальный, эмоциональный и энергетический. Речь о том, чтобы найти именно свое положение в жизни. Когда телесная поза устойчива и удобна, мы забываем о телесном аспекте, забываем о теле.

Всякий дискомфорт или болезнь напоминает о теле: головная боль – о голове, несварение – о желудке, растяжение – о мышце. Любой больной орган напоминает о себе, поскольку что-то работает неправильно. Итак, дискомфорт служит напоминанием о теле, но если тебе удобно, ты о теле забываешь.

В материальной жизни, если хочешь чего-то добиться, нужно помнить. Например, в школе, чтобы сдать экзамены и перейти в следующий класс, приходится запоминать. Однако в религии все с точностью до наоборот. Религия – путь забывания, по той простой причине, что сами мы – запоминание и воспоминание.

Эго есть воспоминание, поскольку эго есть все то, что оно о себе помнит. Ты – это твое имя, национальность, семья и многочисленные модели поведения. Поэтому процесс выхода за пределы эго – это процесс забывания. Религиозная жизнь состоит в том, чтобы забыть тело и все свои аспекты: телесный, энергетический, ментальный и т. д.

Таким образом, тело — первая дверь, ведущая в это состояние, в эту асану, которая настолько устойчива и удобна, что ты забываешь о теле. Далее забываешь об уме. Точно так же, как мы забываем о теле, когда оно в устойчивой и удобной позе, мы забываем и об уме. Ум, которому устойчиво и удобно, просто забывается. А забыть то, чем ты себя считаешь, значит познать то, чем ты на самом деле являешься.

Стремящийся к результату всегда хочет знать — как; хочет обучиться некой технике и спрашивает: «Как же достичь этого ощущения устойчивости и удобства в асане?». В сутре 47 Патанджали объясняет:

prayatna-śaithilyānanta-samāpattibhyām

Асана достигается снятием напряжения и медитацией.

Иными словами, чтобы достичь позы, нужно снять напряжение. Это так непохоже на то, к чему мы привыкли! Мы знаем: чтобы чего-то добиться, необходимо прилагать усилия и приносить огромные жертвы, а это подразумевает напряжение: напряжение честолюбия и желания. Если хочешь денег или славы, требуется прилагать усилия и жить в напряжении.

Однако в духовной жизни блага приходят не за счет усилий, а за счет снятия напряжения. Невозможно найти свое положение в жизни, стараясь стать тем или другим. Если хочешь его найти, нет смысла двигаться туда-сюда, искать и прилагать усилия.

Чтобы достичь устойчивости и удобства, нужно всего лишь снять напряжение и забыть о теле. Забывая о своем Я, ты излечиваешься от ужасной болезни — эгоизма, — которая состоит в том, что ты постоянно помнишь. Точно так же, как при мигрени ты вспоминаешь о голове, при несварении — о желудке, а при растяжении — о мышце, при эгоизме ты не можешь забыть о своем Я: я хочу этого, я хочу того, этого я не хочу, мне нравится это, мне нравится то. Я — вот что самое главное. Всю жизнь мы оберегаем это Я, печемся о нем, раздуваем его и обороняем. В Африке и Индии голод, но главное, чтобы я был сыт. Существует грусть, но главное, что мне грустно. Существует бедность, но главное, чтобы я не обеднел. Люди страдают, но ужас в том, что страдаю я. Если страдают другие, это меня не касается!

Наше Я постоянно напоминает нам о себе, словно зубная боль. Тем самым оно сигнализирует: что-то не так. Мы страдаем от недуга, который зовется духовной мигренью или психологическим несварением. Эгоизм — духовная хворь, болезнь души.

Если мы хотим забыть о своем Я, необходимо снять напряжение. Почему? Потому что Я и есть напряжение: не мы напряжены, а мы есть напряжение. Я — это напряжение, спазм сознания. Снятие напряжения — способ достичь любого духовного блага. Именно об этом и говорит Патанджали:

prayatna-śaithilyānanta-samāpattibhyām

Асана достигается снятием напряжения и медитацией. Снять напряжение — значит медитировать. Когда мы снимаем напряжение, постепенно начинается медитация. Медитировать — значит общаться с безграничным. Некоторые переводят данную сутру так: «Асана — это состояние, в котором ты направлен на безграничное».

Медитация — это созерцание. Созерцание мыслей, чувств, тела... созерцание ограниченного. Когда созерцаешь, происходит чудо: неуловимое уплотняется, а плотное исчезает. Когда безграничное взирает на ограниченное, ограниченное рассеивается, а безграничное крепнет. Если океан углубленно и внимательно созерцает волну, он обнаруживает, что это та же вода, тот же океан... Волна растворяется, а океан крепнет.

Чтобы обрести свое положение в жизни — эту столь желанную позу, в которой ты будешь чувствовать себя устойчиво и стабильно, — не живи как все: не живи с ощущением, что обретешь устойчивость, когда женишься, когда родишь ребенка, когда получишь ученую степень, когда поступишь в университет или выйдешь на пенсию. Ты достигнешь своего места в жизни, стабильного и устойчивого, только через снятие напряжения.

Нам очень неудобно, поэтому мы и меняемся — блуждаем в поисках спиртного, наркотиков, сигарет... Однако, вопреки общепринятому мнению, это не поиск счастья. Когда люди ходят на танцы, пьют и тому подобное, они не ищут счастья, а бегут от ощущения дискомфорта. Человечество испытывает глубочайший дискомфорт.

Сутра 48 гласит:

tato dvandvānabhighātaḥ

Достигая асаны, человек также становится неуязвим для пар противоположностей.

Тело и ум — единое целое, два аспекта одного и того же феномена. Любое состояние ума выражается на лице и в жестах: так мы понимаем, что человек грустит, сердится, раздражен, доволен, голоден или устал. На самом деле тело и пять чувств представляют собой внешние проявления ума, а ум есть движение. Он очень далек от асаны, поскольку ум — это деятельность.

Именно поэтому «Йога-сутры» начинаются словами «*Yogaś citta-vṛtti-nirodhaḥ*», то есть: «Йога — это состояние, в котором отсутствует умственное движение». Пары противоположностей — это движение ума: поиск удовольствия ведет к еще большей боли, поиск наслаждения — к еще большему страданию, поиск привязанности — к ненависти.

Таким образом, ум живет, отвергая то, что ему не нравится, и гоняясь за тем, что его привлекает: за тем, что приятно, мило и удобно. Ум приковывает нас к двум векторам, которые на самом деле представляют собой одну линию. Он оттаскивает нас от того, что нам не нравится, и подталкивает к тому, что нравится. В рамках этой полярности мы и живем. Мы — ее рабы. Ум движется с места на место, ища наслаждения и счастья — в этом кофе, в этом человеке, в этой девушке, в этом парне, в этом фильме, в этой профессии — ища движения…

Но когда ты в асане, движение ума более над тобой не властно. Когда через снятие напряжения ты принимаешь устойчивую и удобную позу, умственное движение не способно причинить тебе беспокойства. Познавший, что значит находиться в асане, упрочивается в том единственном месте, в котором пребывает на самом деле. Ведь речь именно о том, чтобы пребывать там, где ты. Не там, где находится образ тебя, этот продукт общества; не там, где то, чем ты себя считаешь, мнишь и воображаешь, а там, где ты — эта центральная ось твоего бытия, центральная ось всего мироздания. Только здесь ты можешь утвердиться.

Ты говоришь: «мои глаза, моя голова, мой дом, моя семья, моя нога, моя рука, мой палец, мой ум, моя душа, мой дух, мой мозг, мои идеи, мои идеалы», — но кому все это принадлежит? Ты упрочиваешься там, где находится обладатель всего этого; там, где ты, а не там, где твое. Только там ты можешь утвердиться, только там никто не в силах сдвинуть тебя с места, потому что только там тебе удобно.

Того, кто принимает такое положение, — даже если он перемещается туда-сюда, — никто и ничто не способно сдвинуть с места: он всегда «здесь».

Движется в здесь...

Живет в здесь...

Дышит в здесь...

Ему удобно, поэтому его невозможно прельстить завтрашним результатом: «Сделай это, чтобы потом наслаждаться тем». Он отвечает: «Нет», — но не вследствие подавления, а потому, что ему удобно в сейчас, в этом моменте. Он живет в сейчас, движется в здесь, в настоящем.

Ум, где прекращается движение пар противоположностей, — это ум, которого нет. Таков путь хатха-йоги. Естественно, начинается он с работы на телесном уровне, но направлен на душу. В этом вся прелесть: через телесное можно достичь духовного. Йога ведет к тому, чего все мы ищем, — к нашему положению в жизни.

Открой волшебство однообразия

23 октября 2011 г.

Ко мне неоднократно обращались за советом и наставлением по поводу однообразия, рутинности в духовной практике. Это ощущение знакомо многим – не только в индуизме, но и в других религиях. Подобная беспокойность проявляется в разных сферах, например, при обучении хатха-йоге.

Я обучался классической хатха-йоге у Свами Вишну-девананды, ученика Свами Шивананды. В этой системе на каждом уроке повторяется определенная последовательность из примерно двенадцати асан, то есть поз: сначала релаксация, затем сурья-намаскара, ширшасана, стоячие позы и т. д., и наконец – финальная релаксация.

Сегодня же некоторые учителя йоги говорят:

«У меня проблема: ученики теряют интерес, перестают заниматься и уходят в другие йога-центры, где набор изучаемых поз более разнообразен, где каждый урок не похож на другой, каждое занятие особенное... а людям более комфортно и интересно. Они не хотят посещать мои занятия, потому что им скучно. Что же мне делать? Включить в программу больше вариаций?»

Многие учителя хатха-йоги ездят на семинары и знакомятся с другими преподавателями – часто с целью изучить новые техники и позы, которыми можно развлечь учеников, чтобы те продолжали ходить на занятия.

Данная проблема, надо сказать, касается не только хатха-йоги, а духовной практики в целом, особенно на Западе. Восток и Запад очень непохожи друг на друга: для Запада однообразие и рутина – это проблема или даже угроза, а на Востоке однообразие – часть любого духовного пути.

Когда на Западе говорят о боевых искусствах, то, насмотревшись остросюжетных фильмов, представляют себе нечто увлекательное. Однако если обратиться к классическим боевым искусствам в их первозданном виде, таким как карате, кун-фу, тайцзицюань, дзюдо, джиу-джитсу, тайквондо, а также древнеиндийские боевые искусства, мы обнаружим, что это ужасно однообразные практики.

Тот, кто хотя бы немного знаком с карате – сёриндзи-рю или сётокан, – знает, что такое ката. Ката – последовательность однообразных движений, которая симулирует бой с воображаемым противником и исполняется наподобие танца. Эту последовательность повторяют снова и снова – не день, неделю, месяц или год, а много лет подряд... Одна и та же, первая ката. Затем, когда мастер сочтёт, что ты выполняешь движения должным образом, он позволит тебе перейти к следующей кате. Практика второй каты тоже длится годами. Ужасно однообразно... Рутина.

То же в искусстве, хотя это и другая дисциплина. Как правило, едва западный человек берет в руки гитару, как сразу начинает писать музыку и сочинять песни. Только-только научился играть на барабанах и немного петь... и вот уже пишет собственные песни! Никто не хочет исполнять чужие произведения. Все хотят придумывать новое, хорошо проводить время, развлекаться, оттягиваться и веселиться. Совсем другой подход.

А теперь давайте посмотрим на наших учеников – на Саччидананду, например, который учится играть на ситаре. Если проследить весь курс его обучения... это годы и годы! На Западе подобное однообразие пугает. Играть чужие упражнения – древние раги... неимоверно древние... которые до того исполнялись многими другими... Это вам не новая песня или мелодия. Если ты отправишься в Индию изучать искусство, рассчитывая на очередное развлечение, увеселение или забаву, то столкнешься с однообразием, и тебе станет скучно.

То же с духовными практиками. Во время пуджи мы каждый день поем одни и те же песнопения и гимны. А джапа-йога бывает утомительной и совершенно однообразной: одна и та же мантра – не каждый день новая мантра, а все та же самая мантра. Например:

Ом нама шивайя

Ом нама шивайя

Ом нама шивайя

Хари ом

Хари ом

Хари ом

Харе Кришна, Харе Кришна, Кришна Кришна, Харе Харе
Харе Рама, Харе Рама, Рама Рама, Харе Харе

И так день за днем…

Харе Кришна, Харе Кришна, Кришна Кришна, Харе Харе
Харе Рама, Харе Рама, Рама Рама, Харе Харе

Определенное количество кругов на одной и той же мале — на одних и тех же четках, как их называют на Западе.

Однообразие…

Естественно, западному уму такая практика очень скоро наскучит. Больше одного круга… уже тяжело! Поэтому мне говорят: «Прабхуджи, как можно каждый день повторять один и тот же круг джапы? Неужели именно этим я и должен заниматься? Неужели это и есть моя практика? Нет… Я не чувствую с ней связи — мне постоянно нужно что-то новое». И каждый ум, каждое эго считает, что оно одно такое: «Мне постоянно нужно что-то новое — нужно меняться. Меняться…» Это не тебе нужно меняться — это уму нужно меняться.

Ум нуждается в витаминах, в питании, а пища для ума — это новизна, развлечения, праздник, веселье, кутеж, нечто новое. Все это питает ум: новые ощущения, новый возлюбленный, новая машина, новый вид спорта, новое хобби, новое место, новая духовная практика… Все это пища: если ум ее не получает и сталкивается с однообразием и рутиной, ему становится скучно, а соскучиться — все равно что исчезнуть. Нам становится не по себе. Мы испытываем беспокойство и спрашиваем себя: «И так всю жизнь? А где же здесь, собственно, я?».

Неужели я исчезну? Так и буду петь чужие песни? Повторять их? Каждый день произносить: «Ом... ом... ом...» – шестьдесят раз подряд? Шестьдесят кругов?! «Ом... ом...» И ничего кроме «ом»... «Ом» то, «ом» се, но все время только «ом» да «ом».

Ты чувствуешь, что исчезаешь: тебя становится меньше... ты уменьшаешься в размере.

Уму не по себе. Ему нужно что-то новое: теннис, карате, игра на гитаре, походы, путешествия, каникулы, новая работа, новый возлюбленный, развод, новый брак, новая машина – что-нибудь новое! Новизна, веселье, праздник, вечный карнавал... Многие думают: «Надоела однообразная холостяцкая жизнь... надо жениться!» Они женятся, но через некоторое время... опять однообразие! Все время один и тот же человек: просыпаешься рядом с одним и тем же человеком, приходишь с работы и видишь все того же человека. Поэтому начинаешь винить во всем его: «Это из-за него мне скучно – надо что-то поменять! Завести новые отношения или... придумать что-нибудь новенькое. Родить детей, чтобы стало веселее». И вот оно, великолепное развлечение: заботиться о детях, волноваться за них – превосходный способ отвлечься. Но это нелегко, и вот нам снова нужно как-то развеяться – поехать в отпуск, например.

Такова жизнь – жизнь ума: вечный поиск развлечения и новизны.

И вдруг появляется ашрам с гуру... О! Теперь все изменится! Теперь все будет по-новому! Новая жизнь, большие перемены... Какое веселье! Какое облегчение!

Переехать в ашрам, быть рядом с гуру… Теперь все по-другому… Пока это в новинку. Но если ты хороший ученик, в ашраме ты будешь следовать садхане, духовной практике: каждый день повторять определенное количество кругов джапы и медитировать в одно и то же время. Если у тебя склонность к музыке, если таков твой талант, твоим служением будет ежедневно заниматься музыкой, а также практиковать карма-йогу, которая бывает ужасно однообразной, например, каждый день готовить благовония.

Рутина, рутина, рутина…

И вот в какой-то момент ты говоришь: «Пожалуй, вне ашрама было лучше: там меньше рутины». Тебя опять призывает мир и общество … и ты меняешься. И вновь тебя ждет то же самое, поскольку так или иначе рутина все равно появится. Даже если ты станешь президентом США, тебе придется вставать по утрам… И вот очередная война – такая же, как предыдущая… А теперь люди хотят, чтобы им повысили зарплату… Рутина…

Некоторые стремятся получить профессию определенного рода, например, стать журналистом, полицейским или пожарным, чтобы сбежать от рутины, от скуки, ведь когда нам скучно, мы чувствуем себя такими маленькими… Скука ассоциируется у нас с депрессией, с грустью, потому что ты просто берешь и исчезаешь… Ничто тебя не развлекает… А тебе необходимо развлекаться!

Все это относится и к хатха-йоге, к асанам: еще одна поза, еще одна вариация… что-нибудь новенькое. Иначе сменю учителя! Зачем мне учитель, который все время учит одному и тому же? Учителя карате тоже сменю. Все время одна и та же ката… Два года, три года – одна и та же ката! Мне нужен такой учитель, который каждое занятие давал бы новую кату — эта мне надоела! Хочу новую позу... Надоела мне бхуджангасана!

Поэтому учителя музыки, карате, йоги и медитации зачастую стараются предоставить ходовой товар, ведь в потребительском обществе все имеет свою цену. Либо я обеспечу ученикам развлечение, либо они уйдут. Значит, каждые несколько уроков нужно вводить новую кату, новое движение, новую позу, какое-нибудь новшество: горячая йога, холодная йога, йога в бане... Говорят, сейчас появилась голая йога, йога с каббалой, йога с кристаллами... чтобы людям не было скучно, иначе они уйдут! Надо что-то делать!

Медитация? Если организовать курс или школу медитации, где люди каждый день будут просто сидеть и медитировать, им станет скучно. Нужно проводить медитацию на цвета... медитацию на деревья... представлять, как энергия входит сюда, выходит оттуда... медитацию в центре вселенной, медитацию на звезды... что-нибудь новенькое! Иначе люди соскучатся, и на что тогда содержать школу?

Однако все это от недостатка понимания. Восток всегда работал с рутиной, не боясь скуки и не пытаясь от нее сбежать. Мы бежим от одиночества и от всего, что кажется негативным и вызывает беспокойство. Потому что перспектива стать меньше и исчезнуть беспокоит ум и тревожит эго.

Поэтому мы и стремимся убежать — даже от любви. Поскольку когда любишь, ты исчезаешь, становишься меньше. Давайте встретимся с рутиной лицом к лицу! Посмотрим, что такое скука! Мы обнаружим, что скука, как правило, приводит к исчезновению, и чтобы не исчезнуть, мы засыпаем. Когда эго не хочет исчезнуть, оно засыпает. Оно все равно исчезает, но как дурак – само того не сознавая.

Однако в таких практиках, как хатха-йога, заснуть невозможно. Если находишься в одной и той же позе, в одной и той же асане, но не бежишь от однообразия, а покоряешься ему, происходит великое откровение: в бхуджангасане, сарвангасане или какой-либо медитативной позе с выпрямленной спиной заснуть невозможно. То же самое, когда повторяешь мантру, дотрагиваешься до малы, – заснуть невозможно. Никто не сумеет погрузиться в сон, перебирая четки и считая круги. И так ты достигнешь состояния, в котором проникнешь в скуку. Ты проникаешь в скуку, принимаешь ее, но не засыпаешь.

Многие говорят, что шавасана – поза для релаксации – самая сложная в йоге, но не все знают почему. Дело в том, что это, пожалуй, единственная поза, в которой нет ни малейшего напряжения или усилия. Ты полностью себя отпускаешь. В шавасане заснуть так легко! Это приглашение ко сну. Поэтому шавасана – только для продвинутых практикующих. В такой позе, как бхуджангасана или ширшасана, или же во время практики сурья-намаскары, заснуть, естественно, не выйдет. А вот шавасана, если не сохраняешь осознанность, становится приглашением ко сну. Однако именно в ней можно получить один из самых важных уроков, потому что это поза трупа. Сохранять осознанность в шавасане – все равно что сохранять осознанность, когда переходишь в другое измерение… когда умираешь…

Именно в таком состоянии нужно садиться медитировать — каждый день, в одно и то же время, по возможности в одном и том же месте, — но не искать при этом развлечения, не искать Бога как забавы, не стремиться к просветлению словно на вечеринку, карнавал или застолье. Не пытайся отвлечься или развлечься: иди навстречу рутине.

В конечном счете ты должен понять, что реальность твоей вечности — это пребывание здесь... сейчас... в одном и том же безмолвии... вечно. А если ты не познал однообразие, то не постигнешь, что это значит.

Многие гоняются за просветлением как за средством избавиться от скуки, но так не должно быть. Каждый день, в одно и то же время, по возможности в одном и том же месте, ощущай и принимай однообразие. Не отвергай его, не пытайся от него сбежать. Расслабься и глубоко погрузись в однообразие, в рутину. Вскоре ты увидишь, что есть однообразие, но нет скуки — почувствуешь, что исчезаешь.

Лишь тогда ты познаешь свежесть. И я не имею в виду нечто новое, вроде новой моды или новой песни. Речь не о новом ощущении, которое пробудит ум, эго, твое прошлое. Я говорю «свежесть». Свежесть весны, первых весенних цветов — вот какая свежесть. Те же самые цветы, но они свежи. В глубине себя ты ощутишь нечто свежее — свежесть своей подлинности. И это будет твоя духовная весна: ты откроешь свою собственную свежесть... нечто живое... Бога.

Карма-йога – искусство действовать

4 июля 2010 г.

Все мы рождаемся творческими личностями, однако способность к творчеству можно либо развивать, либо подавлять. К сожалению, общество – посредством образования – ее подавляет, поскольку коллектив не ценит творчество: ему важен лишь результат.

Общество ценит продуктивность, а она противоположна творчеству и даже ему препятствует. Общество ценит повторяемость, которая тесно связана с продуктивностью. В потребительском обществе главное – производство, поэтому на первом месте всегда качество: товар должен быть привлекательным, прочным и недорогим. Продуктивность связана с повторяемостью и копированием. Творчество же непродуктивно.

Творческий человек склонен держаться в стороне от коллектива, поскольку знает, что творчество – достояние индивидуальности. Он чувствует, что масса автоматична, поэтому испытывает внутреннюю потребность не быть ее частью. Когда мы стремимся к продуктивности через повторение, то, сами того не сознавая, превращаемся в роботов.

Семейная и образовательная система учит, что мы должны стать достаточно продуктивными, чтобы общество производства и потребления готово было оплачивать наш труд. Творчество тем временем постепенно остается в стороне.

Таким образом, творчество больше связано с индивидуальностью: оно расцветает в отдельной личности. Мы видим, что творческие люди сторонятся не то чтобы общества, а скорее мирского гама. Они ищут покоя и даже умиротворения, которые приносит анонимность.

Карма-йога не предлагает перестать действовать или делать. Она не проповедует отречение от действий, поскольку считает его невозможным: *na hi kaścit kṣaṇam api jātu tiṣṭhaty akarma-kṛt*. В этом мире невозможно не действовать, так как действие внутренне присуще человеку. Однако карма-йога учит, что есть иной способ действовать — не приписывать себе результат действия и, более того, не быть источником действия. Другими словами, выйти за пределы деятеля: идущего, танцора, говорящего, художника, уборщика — словом, того, что на санскрите называется аханкара. Когда ты выходишь за пределы деятеля, все, что бы ты ни делал, становится действием. Если же ты не вышел за его пределы, то не действуешь, а реагируешь, что далеко не одно и то же.

Чтобы это постичь, необходимо понять нечто гораздо более глубокое. Мы уже обсуждали, что творческий человек сторонится общества и коллектива. Но где это общество? Где коллектив? Если я хочу найти массу, общественность, нужно ли мне выходить из дома? Сколько человек я должен встретить, чтобы сказать: «О! Вот он, коллектив. Вот она, масса!»?

Не я ли сам эта масса? Не я ли сам коллектив?

Что я подразумеваю под индивидуальностью?

Эта история началась, когда ты лежал в колыбели и к тебе подошла молодая супружеская пара и сказала: «Тебя зовут Майкл». Или же Питер, Джон, Марта, Мэри… И ты это принял. Это было не твое, а их мнение: они решили тебя так назвать.

С тех пор — через тетей и дядей, бабушек и дедушек, старших братьев и сестер, соседей, одноклассников, коллег, учителей и начальников — ты продолжал собирать и накапливать идеи о самом себе и о том, кто ты такой. Так ты пришел к выводу, что тебя зовут Майкл, Питер, Джон, Мэри или Марта; что ты чилиец, аргентинец, русский или американец; что ты умный или глупый, способный или не способный, назойливый, неприятный; что ты важная персона, не слишком важная персона, очень важная персона и т. д.

Идеи о том, кто я такой, представляют собой нечто чужое и внешнее. Они порождены другими, массой. Это общественное мнение о том, что я собой представляю. Данное скопище идей и называется Я.

Но что мне самому о себе известно? Если меня спрашивают: «Кто ты?», я тут же вытаскиваю список: «Меня зовут Майкл», «Я чилиец», «Я индуист» — я то, я се… В списке нет практически ни одного моего собственного открытия. Я не авторитет и не источник сведений о себе самом: вся информация получена от внешних авторитетов. Речь даже не о том, что я себя чем-то считаю: скорее меня убедили, что я чем-то являюсь, и я принял это на веру.

Когда я говорю, что творчество – достояние индивидуальности, а не общества, я не имею в виду, что творчество – достояние эго. Я-идея состоит в чувстве отделенности, а это далеко не то же самое, что индивидуальность. Эго и есть это чувство, что я – нечто отдельное. Эго – это сознание своей отделенности, обособленности, а индивидуальность – сознание единства.

Как индивидуальность я – волна, но я чувствую свою глубокую связь с океаном. Я обладаю формой, временной жизнью, у которой есть начало и конец. Я существую в пространстве и времени, но испытываю глубокое чувство, что я вода, океан, жидкость. У индивидуальности есть корни, и корни эти проросли в глубь бытия, жизни, Всецелостности.

Эго же – это чувство отделенности. Оно поверхностно, потому что идет извне. Я-идея связана с окружающими; у нее нет ни глубины, ни корней. Эго очень интересуют чужие мнения, потому что само оно произошло от окружающих и живет, исходя из окружающих. Его жизнь – порождение других людей.

Мы хотим отделиться от массы, однако коллектив находится не где-то снаружи. Если я – это мнения окружающих, значит, масса живет во мне, я ношу ее глубоко внутри. Если я хочу найти общественность, достаточно просто заговорить.

Твои реакции на самом деле не твои. Через тебя реагирует вся история человечества: вся твоя страна, вся твоя культура, все твое рабство. Ты раб национализма, готовых суждений, расовой сегрегации, классовой дискриминации. Многие считают, будто они во все это верят, но на самом деле они всем этим являются.

А если все мои реакции порождены рабством, как может идти речь о творчестве? Пытаясь освободиться из плена и сбросить цепи, я добиваюсь лишь одного: рабство становится более утонченным. Тюрьма становится более развитой, современной и просторной, но я по-прежнему в плену. Как же трудно взбунтоваться, поднять мятеж! Невозможно!

Проще восстать против диктатора, против какого-нибудь Муссолини или Мао Цзэдуна. Легко устроить революцию, чтобы свергнуть правительство, диктатуру, тиранию. Но религия, духовность, творчество — это бунт против самого себя и собственной обусловленности. Такой бунт поднять труднее — по той простой причине, что ты восстаешь против тирании, которая гораздо ближе, которая в тебе, которая и есть ты.

Карма-йога говорит, что ты имеешь право на действие, но не на его плоды. Ты можешь действовать, но из любви к действию, а не в надежде на результат. Это диаметрально противоположно всему, что утверждает общественность, масса, рабство.

Если мне нравится писать, петь, танцевать, рисовать или ваять, но я ищу аплодисментов, славы, денег, положения, общественного признания или восхищения, мне следует быть очень осторожным: возможно, я люблю не искусство, а то же, что любит масса. Если я говорю или пишу только ради результата, ради плода, это не действие, а реакция. Коллектив, масса внутри меня ищет своих зарплат, признания, поддержки, наград, медалей и прочего — словом, продукта.

В чем же проблема? Когда я стремлюсь к результату, я нахожусь в будущем, поскольку любой продукт, естественно, находится в следующем мгновении. А значит, я не могу пребывать в сейчас.

Следовательно, чтобы действовать, не думая о результате, нужно испытывать интерес только к тому, что я делаю, а не к тому, что из этого выйдет. Если я сосредоточен на результате, процесс особого значения не имеет.

Как правило, общество говорит: то, что ты делаешь сейчас, не самоцель. По-настоящему важен только результат. Но карма-йог – человек подлинно творческий. Для него важен процесс, а результат придет как дополнение, ведь жизнь происходит именно сейчас. Настоящее мгновение есть реальность: это не то, что было, и не то, что будет. То, что было, является воспоминанием; то, что будет, – проекцией воспоминаний. Однако и то, и другое – лишь воображение. Важно только то, что есть. А то, что есть, это действие – то, что я делаю сейчас. Результаты принадлежат завтрашнему дню. Следовательно, если я люблю то, что делаю, я пребываю в реальности, в настоящем мгновении.

Действие живо. Полно той же свежести, что сама жизнь. Не банально. Реакция же – нечто механическое; в ней нет жизни. Поэтому тот, кто стремится к результату, не способен к творчеству: что бы он ни делал, это всегда остается реакцией. Реакция лишена значимости, поскольку поиск результата никогда не направлен на творчество как таковое. Действие, напротив, живо и значимо, потому что оно и есть само творчество… прямо сейчас.

Творчество не ограничивается искусством, музыкой или танцем: оно должно проявляться в любой области. Так, можно говорить о творчестве в религии и духовности.

Вершина карма-йоги — медитация. Без прочной основы в карма-йоге медитировать невозможно. Медитация и есть карма-йога. Медитировать — значит любить то, что делаешь, испытывать интерес к тому, что происходит сейчас. Это значит утвердиться в настоящем мгновении и не искать результата, будь то Бог, просветление, святость, блаженство, мистический опыт или что-то еще: все это не имеет ни малейшего значения. Если ты не делаешь ничего, это и есть все! Позиция карма-йога, творческая позиция — пребывать в этом мгновении.

Медитировать способен лишь тот, кто понимает, что такое карма-йога; лишь творческая личность, которая может действовать, не стремясь к плодам действия. Медитировать способен лишь тот, кто любит свое дело и делает его не ради результата; кто может сидеть в тишине и покое и сознавать, что настоящее мгновение не просто важно, единственно в своем роде или особенно: настоящее мгновение — это все, что есть.

Вся твоя жизнь суть настоящее мгновение. Прошлого нет: оно осталось там, в памяти. Будущего нет. Это мгновение суть все! Не променяй его на результат, будь то просветление, Бог, святость, блаженство, свет, мистический опыт... Лишь это мгновение! Только такой человек способен глубоко погрузиться в сейчас.

Жизнь обычного человека поверхностна: мгновения следуют одно за другим. Но в медитации важно только это мгновение, и ты глубоко в него погружаешься. Ты входишь в это мгновение, не переходя в следующее: не один, два, три, четыре, пять, а один, и вновь один, и еще глубже в один, пока не соединишься с этим «один». Ты погружаешься вглубь. Лишь настоящее мгновение: следующего мгновения нет, а значит, нет места результату. Лишь это мгновение… Так карма-йог обретает любовь к своей работе, здесь и сейчас, и познает жизнь, бытие, реальность… А познающий реальность познает Бога.

Мы уже упоминали, что карма-йог – личность творческая. Я бы сказал, что святость (просветление) и творчество тесно связаны между собой. Все искусство ведет свое начало от просветленных мастеров. Конечно, я говорю не о том искусстве, когда поют и танцуют ради нескольких монет или ради славы и восхищения. Искусство ведет свое начало от тех, кто понял: чтобы возвыситься над реакцией, необходимо выйти за пределы деятеля и утвердиться в центре жизни, бытия, всего сущего. Этот центр мы и называем Самостью.

Благословенная Самость – единственный центр, другого не существует. Это экзистенциальное переживание блаженства. Можно быть этим центром, но нельзя ни описать его словами, ни дать ему определение. В этом переживании, открывая глаза, просветленные видят, что все люди страдают и ищут того, чем и так уже являются. В этом состоянии блаженства, пытаясь поделиться им с другими, просветленные пели, танцевали, писали стихи, рисовали, играли на музыкальных инструментах – и так родилось искусство.

Действие и реакция в карма-йоге

7 июля 2010 г.

Обычно мы называем карма-йогу йогой действия или йогой деятельности. Однако классическая карма-йога не просто учит, что такое действие и как нужно действовать. Это мудрость, помогающая выйти за пределы реакции, то есть деятельности на инстинктивном, механическом, автоматическом уровне, и пробудиться для мира действия. А для этого важно понять разницу между реакцией и действием.

Реакция исходит от ума. Ее источник – наш внутренний субъективный мир сновидений, кошмаров, хаоса и беспорядка. Следовательно, она всегда зарождается в прошлом, так как ум и есть прошлое, вчера. Реакция берет свое начало в мире мыслей, который суть прошлое. А поскольку реакция представляет собой прошлое и зарождается в памяти, она не имеет ни малейшего отношения к настоящему моменту, другому человеку, ситуации. Реакция полностью оторвана от сейчас, потому что является не более чем активацией определенных моделей поведения, приобретенных в прошлом.

Когда мой отец изучал искусство продаж, на одном из занятий ему рассказали следующее: если приходишь к человеку в офис и хочешь ему что-то продать, важно расположить его к себе. Поэтому нужно внимательно осмотреться вокруг. Если на стенах висят фотографии с видами разных стран, значит, человек любит путешествовать. А если повсюду стоят призы за победу в соревнованиях по гольфу или футболу, значит, ему нравятся эти виды спорта. Как только ты заговариваешь с ним о спорте, активируется целая система, на которую человек реагирует положительно. Теперь он расположен к тебе и скорее купит то, что ты хочешь ему продать. Разумеется, все это знают. Общаясь с людьми, мы понимаем, что можем так или иначе активировать определенные модели поведения. Это и есть реакция. В некотором смысле реагировать – значит не обращать внимания на настоящее, на сейчас.

Реакция полностью субъективна и развивается у тебя внутри. Она может быть положительной, например, влечение к кому-то или чему-то, а может проявляться как отвращение. Реакция представляет собой чувство, которое ты не можешь выразить по той или иной причине, будь то общественные приличия или что-то еще, и которое постепенно растет у тебя внутри. Оно будет расти месяцы или даже годы, пока наконец не выплеснется наружу, словно чай из переполненной чашки, вне зависимости от того, что происходит вокруг.

Таким образом, реакция – ярость, страсть или что-то еще – находит свое выражение, однако не имеет отношения к кому бы то ни было. Иными словами, обстоятельства, ситуация, другой человек и все, что происходит в данный момент, с реакцией никак не связано. Это всего лишь повод дать ей выход. Ты думаешь: «Почему он зол на меня?». Или: «С чего вдруг его так ко мне влечет?». Однако реакция по природе своей не связана с другим человеком. Именно поэтому она лишена силы. Реакция, в отличие от действия, это нечто безжизненное.

Действие рождено этим моментом, настоящим временем. Оно уходит корнями в глубь бытия, поскольку является выражением или проявлением бытия. Действие обладает жизненной силой того, что реально. Оно возникает не из прошлого. Действовать – значит танцевать с настоящим, быть в гармонии с этим мгновением, звучать в унисон с другим человеком, вести беседу с моментом. Действие происходит в настоящем, поэтому все, что ты делаешь и до чего дотрагиваешься, обладает глубочайшим смыслом и полно жизни. Между действием и реакцией та же разница, что между настоящим, живым цветком и цветком искусственным. Реакция может быть приятной, но она всегда банальна.

Карма-йога не учит, что нужно перестать действовать: согласно «Бхагавад-гите», это невозможно. Однако твоя деятельность должна быть действием, а не реакцией, ведь реакция разрушает и делает из тебя автомат. Реакция разделяет, поскольку это не что иное, как отражение твоих внутренних конфликтов и раздробленности. Каждый раз, когда ты реагируешь, ты становишься чуть больше похож на компьютер: если нажать на кнопку, ты всегда откликаешься одинаково. Проходят годы, а ты реагируешь на ту же ситуацию все тем же образом.

Реакция старит, действие наполняет жизнью. Действие невинно, реакция манипулятивна, поскольку всегда преследует какой-то результат или цель. В реакции нет любви к тому, что ты делаешь, а лишь стремление к тому, что из этого выйдет.

Карма-йога учит: если хочешь действовать, прежде всего нужно любить то, что делаешь. Обычно твое внимание направлено на то, что ты любишь. А если ты любишь свое дело, оно захватывает твое внимание настолько, что действие становится важнее результата. Действие невинно, потому что для него настоящее мгновение есть все. Важен сам процесс работы, а не его результат. Результат может быть приятным или удручающим, но не это главное.

Реакция может танцевать, играть на музыкальных инструментах, рисовать, но при этом она стремится к результату: славе, почестям, деньгам, успеху. Действие же любит то, что делает. Оно рисует потому, что любит рисовать, любит краски. Оно танцует потому, что любит танцевать.

Реакция – это уровень техника, действие – уровень мастера. Реакция всегда ищет «как» с его повторяемой продуктивностью. Естественно, если мы хотим результата, то должны быть продуктивны, а продуктивность оттачивается и совершенствуется через повторение.

В действии тоже может присутствовать техника, но она не имеет значения: тебе нравится танцевать, ты так хочешь танцевать, что начинаешь двигаться. Быть может, ты не знаешь правильного шага, не умеешь танцевать мамбо, фламенко или сальсу, но ты не в силах устоять перед ритмом... перед страстью к танцу, перед боем барабанов... Ты двигаешься, отдаешься танцу – это и есть действие.

Реакция принадлежит холодному миру потребления, где главное — продукт. Действие рождено любовью: только когда любишь, можешь подарить цветок или обнять, не стремясь к результату, не рассчитывая что-то получить взамен. Этот цветок, прикосновение, объятие само по себе есть все. А когда присутствует выгода, нет любви.

Реакция корыстна: она всегда пытается извлечь что-то из того, что делает. В реакции нет свободы, потому что она порабощена национализмом, готовыми суждениями, живет в плену у классовых предрассудков, у мнений. Реакция принадлежит коллективу, обществу, массе. Действие — достояние отдельной личности.

Карма-йога учит, что общество, масса находится не где-то там снаружи или на улице. Чтобы встретиться с обществом, не обязательно выходить из дома. Мы носим его между ушей: общество — это ум. Ум — это общество, другой человек; это то, что ты собой представляешь. Пока ты живешь с позиции ума, живешь с идеей, с мыслью «я», которую мы называем эго... ты и есть общество.

Однажды к тебе подошла молодая пара и сказала, что тебя зовут Карл, Майкл, Мэри или Мириам, и ты это принял. С тех пор то же самое продолжалось с дядями и тетями, дедушками и бабушками, соседями, одноклассниками, однокурсниками, коллегами, начальниками и т. д. Все они сообщили тебе множество разных мнений и убедили, что ты чилиец, аргентинец, итальянец или американец; что ты умен, глуп, привлекателен или назойлив; что ты врач или преподаватель... И вот сегодня, когда тебя спрашивают, кто ты, ты выдаешь длинный список чужих мнений, выводов, идей и точек зрения по поводу себя самого. Однако в списке нет ничего, что бы ты сам о себе открыл. Все идет от других, и именно этим ты и являешься. Данное скопище мнений мы и называем Я.

Итак, реакция порождена рабством, всеми этими мнениями и идеями. Действие, напротив, порождено индивидуальностью, однако индивидуальность — не то же, что личность или персона. Личность — это чувство обособленности, сознание собственной отделенности. Индивидуальность, напротив, есть глубокое переживание единства с бытием, с жизнью. Индивидуальность — цветок мироздания, растущий из мироздания.

Карма-йога учит, что свободу (мокшу) можно обрести, если выйти за пределы действующего, то есть личности или деятеля; иными словами, если не приписывать действие себе как личности, как эго, и не стремиться к результату. Ты не перестанешь действовать, но теперь через тебя будет происходить жизнь. Тебя как кого-то или чего-то — манипулятора, деятеля, имитатора — больше нет.

А когда нет тебя, есть Бог.

Жизнь происходит, течет сквозь тебя. Ты перестаешь жить своей жизнью, чтобы позволить жизни жить через тебя. Таков карма-йог — перо в руке писателя, кисть в руке художника, орудие в руке бытия, в руке жизни.

Общность

31 марта 2010 г.

Слово «сатсанг» означает «находиться рядом с истиной», «приобщаться к истине», «быть вместе с истиной». «Санга» – санскритское слово, которое также употребляется в буддизме, в языке пали. Многие религии придают значение «пребыванию вместе».

Так, в буддизме присутствует санга, а в индуизме, разумеется, садху-санга, то есть «садху вместе». Данное понятие встречается и в других религиях: в Новом Завете Господь Иисус говорит, что там, где соберутся трое, то есть группа людей, чтобы говорить о нем, там будет и он. В Ветхом Завете очень много сказано о единстве израильского народа, причем особый акцент сделан на «совместности» – на том, что народ Израиля един. Санга присутствует и во время откровения на горе Синай: единый народ, тысячи и тысячи людей, собранных вместе в пустыне, перед откровением Божьим.

Данный сатсанг – то, чем мы занимаемся сейчас, – это не лекция и не общение. Это значит быть вместе. Это не урок, поскольку главное здесь – не передача знаний.

Смысл не в том, что говорящий обладает некой информацией и передает ее слушателям, а они пассивно воспринимают ее, чтобы затем принять те идеи, с которыми согласны, и отвергнуть те, с которыми не согласны.

На уроке или лекции присутствует отделенность. Иными словами, там нет санги. Во время сатсанга мы вместе. Это та самая «совместность», о которой говорят священные писания. На протяжении всей истории человечества санга между мастером и учениками представляла собой «пребывание вместе», в котором нет отделенности. Это и называется общностью.

Общение исходит от ума. Это встреча двух интеллектов, обмен знаниями, происходящий на уровне мысли, известного, памяти. Общение – это передача того, чему мы научились; того, что берет свое начало в прошлом. Общность рождается в сейчас. Она принадлежит Самости, настоящему моменту, совершается между двумя сердцами, двумя присутствиями. Совершается в духе.

Общность происходит в сфере любви, однако любовь – не то же, что привязанность. Привязанность – это любовь умственная. Это то, что мы думаем о любви, наше представление о ней. Когда мы говорим: «Я люблю тебя», «Я в тебя влюблен», мы говорим это в соответствии со своим представлением о том, что значит любить. Если мы как следует проанализируем, то увидим: то, что мы называем любовью, на самом деле привязанность, желание получить удовольствие, страх одиночества и много чего еще, но только не любовь.

Общение основано на словах, которые есть не что иное, как озвученные мысли. Если во время общения повиснет молчание, возникнет отделенность, разъединенность. Молчание во время лекции – это катастрофа. При общении люди не разговаривают, когда сердиты или холодны друг с другом. Такое молчание может быть оскорбительным или тягостным. Это молчание разъединенности. Однако в общности молчание могущественно и полно внимания. Это осознанное молчание, исполненное созерцания, энергии, праны. Подобное молчание живо и свежо. Это молчание медитации.

Что мешает нам по-настоящему быть вместе? Не материальные преграды, поскольку все материальное относится скорее к общению. Для общения необходимо присутствие другого человека, его голос. Общность не требует ничего материального: она трансцендентна. Поэтому материальное расстояние – не преграда для общности. Преграда в нас самих. Поскольку общность происходит глубоко внутри, то и преграда внутри.

Если я говорю, а вы слушаете, но при этом сохраняете свою точку зрения, вы будете воспринимать сказанное мной как идею, с которой либо согласитесь, либо не согласитесь. Если вы согласитесь, то поместите ее к себе на склад, запомните и примете. Если не согласитесь, то отвергнете. Однако так возникает разделение: мои мнения отделяют меня от вас.

Важно увидеть, как возникает отделенность. Эго и есть отделенность, которая состоит в моей внутренней обособленности, в моих идеях и выводах. Слово «йога» значит «единство», «интеграция». Религия – это воссоединение, ведь мы отделены друг от друга.

Некоторое время назад, обсуждая другую тему, я приводил пример с картой и местностью, который часто используется в нейролингвистическом программировании. Пример очень прост: местность — это реальность, а карта — наша интерпретация местности, то есть реальности. Карта — изображение местности, способное дать о ней некоторое представление. Она составлена на основе сведений о местности, но это не сама местность. Таким же образом мы собираем сведения о реальности с помощью органов чувств и создаем свою внутреннюю карту, свою версию реальности, жизни, мира и других людей. Проблема в том, что в определенный момент каждый из нас перестает жить в соответствии с местностью (реальностью) и начинает жить в соответствии с картой (своей версией реальности).

В этом и состоит обособленность: каждый создал собственную карту, поэтому карты отличаются друг от друга. У каждого своя интерпретация, соответствующая его прошлому. Итак, преграда, которая мешает быть вместе и не дает санге произойти, это наши представления и идеи о реальности и в том числе о нас самих.

В «Бхагавад-гите» (18.66) Кришна говорит:

> *sarva-dharmān parityajya*
> *mām ekaṁ śaraṇaṁ vraja*
> *ahaṁ tvāṁ sarva-pāpebhyo*
> *mokṣayiṣyāmi mā śucaḥ*

Отринь все виды дхармы и предайся мне...

Предайся! Отречение ведет к близости. Что мы имеем в виду, когда говорим о близости к мастеру или отдаленности от него? В случае с мастером речь идет не об общении, а об общности. Единственный способ сблизиться — это отречься: отречься от прошлого, от известного, остаться нагими, как пастушки гопи перед Кришной в водах Ямуны, когда Господь украл их одежды и захотел предстать перед каждой из них. Сбросить с себя покровы прошлого, покровы интерпретаций... Только тогда мы близки.

Мастер – это присутствие, без прошлого, без интерпретаций. Поэтому мастер – это дверь, приглашение сблизиться со Всецелостностью. Достигнув общности с мастером, ты достигаешь общности со Всецелостностью.

Это и есть дикша, или посвящение. Все действия, совершаемые во время посвящения, символизируют то, что происходит в реальности. Во время посвящения мы кладем плоды в огонь, а в реальности сжигаем плоды своих мыслей, порожденных нашим соприкосновением с сейчас. Ведь мысль – это реакция памяти на настоящее, это память в ее активной форме. Мы сжигаем то, во что верим, что думаем, сжигаем свои выводы обо всем. Мы предстаем перед мастером – мы вместе, совершенно едины. Это символ того, что действительно происходит в наших отношениях с ним.

Здесь они и встречаются – в общности, в сатсанге – двое, отбросившие все, что только можно отбросить, оставшиеся нагими, потому что им нечего больше отбрасывать и не от чего отрекаться. Только представь такое состояние! Состояние, в котором нет привязанности к деньгам, к своей семье, стране, планете, телу, какому-либо понятию или идее. Что же остается? Твоя нагота. Только тогда ты сможешь быть вместе с мастером.

Почему же это так трудно? Почему в стихе «*Sarvadharmān parityajya*» Кришна говорит Арджуне: «Не бойся»? Нам трудно сблизиться, достичь близости и быть вместе. Общность дается очень тяжело, пугает нас, потому что мы страшимся собственной незащищенности.

В обособленности мы испытываем иллюзорное чувство защищенности: мой дом, мои деньги, мой любимый, мое! В этой материальной защищенности нет ничего плохого. Но то, что мы называем эгоизмом, представляет собой поиск той же защищенности на внутреннем уровне: мои идеи, мои представления – таким образом я отделяю себя, обосабливаюсь.

Почему я ищу защищенности? Потому что я есть идея, мысль, нечто очень хрупкое. Эго есть разъединенность, и эта обособленность делает меня слабым. Поэтому эго постоянно ищет защищенности и стабильности во всех аспектах – психологическом, эмоциональном – и отвергает незащищенность. Но именно в незащищенности можно найти реальность, потому что реальность непостоянна. Эго предпочитает иллюзию прошлого: она дает ему ощущение защищенности, ведь в известном ничего не может произойти.

Прошлое предсказуемо. Эго боится непредсказуемого, поэтому бежит из сейчас, из настоящего, из реальности. В реальности может произойти все что угодно, и это его пугает. Эго ищет прошлого. Оставаться в прошлом безопасно: пусть оно плохое, ужасное, полный кошмар, зато известное.

Такова философия эго: «Я остаюсь в прошлом. Пусть в детстве меня выбросили в окно, но по крайней мере мне об этом известно. Ничего хуже со мной уже не случится». Так я остаюсь с теми же реакциями, что и в детстве, с тем же самым образом мыслей, вижу мир таким же, как видел тогда. Чем хуже было мое прошлое, тем прочнее я в нем застреваю, поскольку боюсь, что со мной опять произойдет что-то плохое.

Так что мои ожидания состоят в том, чтобы меня не били, не критиковали, не посылали к черту. Ожидания берут начало в прошлом. Я не жду того, что мне неведомо. «Если на меня перестанут кричать, это будет прекрасно». Поэтому когда мне говорят о чуде просветления, мои ожидания ограничиваются тем, что на меня перестанут кричать.

Поиск защищенности нас разделяет и делает слабыми. Пучок спичек сломать невозможно, но отдельная спичка слаба, так как отделенность есть слабость. Эго чувствует себя слабым, а потому ищет защищенности и постоянства. Просветленный мастер или святой перестает искать защищенности. Она ему не нужна, потому что он един со Всецелостностью. Он свободен от конфликта и пребывает в покое. А разве возможна большая защищенность, чем покой?

Некоторые говорят, что эгоизм — это зло. Но эгоисты не плохие, просто они ощущают себя такими беззащитными, обособленными, отделенными и одинокими, что ищут защищенности, скажем, в экономической стабильности, в миллионах долларов, домах, людях, в любви. Однако им всегда мало, потому что они отделены, оторваны от Всецелостности. Они слабы. Они есть слабость.

Поиск защищенности делает меня еще слабее, потому что еще больше меня обосабливает. Мои мнения, мои идеи. «Я коммунист и меняться не собираюсь!» Это отделяет меня от всех капиталистов. А в моей собственной партии есть более рьяные и менее рьяные коммунисты, но я самый рьяный коммунист, и это отделяет меня от других коммунистов. Наконец доходит до того, что не остается большего «иста», чем я, и я остаюсь один.

«Я плюралист». Но из всех плюралистов я самый плюралистический плюралист! Так я остаюсь один с идеей плюрализма. Другими словами, идеи меня обосабливают. Пока я ищу защищенности в «своей идее», возможно общение, но не общность. Общность происходит через мастера. Почему только через мастера? Почему не с любым человеком или предметом? Говорят, на определенном уровне посредником может служить дерево или птица, однако общность всегда происходит через некого мастера.

Мастер – это дверь. Он такой же человек, как и ты, но он всего лишь присутствие, которое имеет доступ в оба измерения. Он говорит на твоем языке, однако обладает тем же присутствием, что и полная луна, деревья, звезды.

Мастер – это приглашение. Из своей человеческой природы, через мастера, ты можешь войти. Мы испытываем непреодолимое внутреннее влечение к мастеру, потому что жаждем воссоединиться со Всецелостностью. Дело не в том, что мастер харизматичный или особенный. Мастер – приоткрытая дверь, в которую видно небо. Мы думаем, что луна и звезды – часть двери, и говорим: «Какая красивая дверь!» Но это не часть двери. Когда я по-настоящему пребываю с мастером, во всей своей наготе, отбросив идеи и понятия, я достигаю общности с ним, и дверь исчезает. Дверь предстает как пустота, через которую я вхожу в общность со Всецелостностью.

Достигнув общности с мастером, я достигаю общности со всем. Поскольку это я создал отделенность, воссоединение зависит от меня, а не от мастера. Если я не избавлюсь от накопленных идей и понятий, я отделен от всего. Если я сжигаю в огне посвящения все свое прошлое, все известное, все выводы, это начало пребывания вместе. Я получаю посвящение через мастера, но оказываюсь един со всем — в единстве со звездами, луной, солнцем... Мастер повсюду; мастер — в этом мгновении.

В общности с этим мгновением твоя жизнь перестанет быть чередой часов, складывающихся в день, или чередой дней, складывающихся в год. В общности каждое мгновение превратится в жемчужину: мгновения станут каплями нектара, составляющими реку твоей жизни.

Каждое мгновение — это общность. Нужно войти в него, ценить его, по-настоящему дорожить им. Войди в общность с жизнью, с бытием. Санга — это общность с Богом, с Истиной... Сатсанг... вместе.

Подавление и сублимация

1 апреля 2010 г.

Говорят, желание есть страдание. Это очевидно. Когда у меня чего-то нет, будь то пища, машина, дом, человек, положение, слава, деньги, красота, знание или еще что-то, я желаю, а так как не имею желаемого, страдаю.

Если же я получил желаемое – положение, славу, деньги, прекрасную пару, – мне приходится прилагать усилия, чтобы его удержать, поскольку относительный мир, в котором мы живем, непостоянен и переменчив. *«Dehino 'smin yathā dehe kaumāraṁ yauvanaṁ jarā»*, – сказано в «Бхагавад-гите» (2.13). Имеющее начало имеет и конец. То, что пришло, уйдет, а что возникло, исчезнет. Даже обретя желаемое, ты все равно страдаешь, потому что удержать его стоит огромных усилий. Возникает страх потери. Естественно, потеряв, ты тоже страдаешь. Таким образом, желание проявляется как страдание до того, как ты его удовлетворил, в момент, когда получил желаемое, и в случае, если его потерял. До, во время и после. Страдание, боль, мука…

Поэтому многие религиозные люди, даже в индуизме, думают: «Значит, нужно подавлять желание, сдерживать его, чтобы оно перестало существовать. Конец желания есть блаженство». И это правда: смерть желания есть блаженство. Однако они считают, что для достижения блаженства необходимо подавлять и сдерживать желания, не давая им проявиться.

У истоков санатана-дхармы стояли ведийские мудрецы риши, то есть видящие. Не мыслители или философы, а именно видящие. Они не размышляли о чем-то, а видели. Это другой инструмент, другое средство — видеть. Поэтому я прошу вас увидеть желание в себе. Не думать о желании, а созерцать его. Что такое желание? Санатана-дхарма описывает процесс: джняна (знание) порождает иччху (желание), из которой возникает крия (действие). Знание, желание, действие. Однако важно не просто воспринять это на уровне слов, на вербальном уровне, а именно увидеть.

Как это происходит? Передо мной некий объект — некая ситуация, миллион долларов, машина, торт, сэндвич. Я его вижу. Как я понимаю, что это машина или торт? Я обращаюсь к памяти и вижу свой прошлый опыт, в котором уже ел тысячи тортов и сидел в автомобилях. Этот предмет имеется в моей памяти, я его узнаю. Я вхожу в то, что было, оттуда проецирую прошлое на завтрашний день и вижу, как наслаждаюсь мороженым, машиной, человеком. Так возникает желание, иччха. Иччха возникает из знания: из ума, мысли, прошлого, известного. Отсюда рождается действие, движимое желанием: я получаю желаемое или пытаюсь его получить.

Тот же процесс лежит в основе страха. Я вижу нечто и обращаюсь к памяти, заглядываю на склад впечатлений, которые мы называем санскарами. Я вижу, что подобное со мной уже происходило и заставило меня страдать. Я проецирую прошлое на завтрашний день, на будущее, на следующее мгновение и думаю: если со мной это произойдет, я буду страдать. Так рождается страх — страх понести психический, эмоциональный или физический ущерб.

Это нужно увидеть. Мы смотрим. Не думаем, а стараемся увидеть в себе. Чтобы возникли такие чувства, как страх и желание, совершенно необходимо время. Не время по часам или календарю, не историческое или хронологическое время — часы, дни, годы, — а внутреннее время. Что мы понимаем под внутренним временем? «Что было», «что может быть» и «чему следует быть». Для существования желания и страха внутреннее время просто необходимо. Без него желание существовать не может.

Итак, мы видим, что бесполезна и ошибочна позиция, которая гласит: «Чтобы покончить с желаниями, я их подавляю и сдерживаю». То есть когда возникает желание или страх, я просто подавляю порыв к действию. Но это не решение проблемы. Почему? Потому что если передо мной окажется торт, высокое положение или слава, я спроецирую все это на будущее и представлю, как наслаждаюсь желаемым, а затем просто подавлю порыв к действию — из желания перестать желать. Как если бы в закрытый пожарный гидрант начала поступать вода: воды становится все больше, давление растет. Иными словами, я желаю не желать и тем самым создаю очередное желание. Я вижу, что возникло еще одно желание, и теперь желаю не желать желать желаний. Рано или поздно произойдет взрыв, и не всегда в разумных пределах. Таков путь подавления без понимания – без того, чтобы видеть.

Основная идея такова: желание приносит боль до того, как мы обретаем желаемое, когда мы его обретаем и если теряем. Желание приносит боль, потому что мы становимся рабами обретенного. Но главный вред, который причиняет желание, состоит в том, что я промениваю реальность того, чем являюсь (мир фактов), на то, чем мог бы стать, чем хочу или должен стать.

Иными словами, если присмотреться, я променяю свою реальность на иллюзию – «то, что есть» на сон. Однако если нужно утолить жажду, простой стакан воды в реальности лучше сотни стаканов фруктового сока или бананового коктейля во сне. Ничто, увиденное во сне, даже Бог или просветление, не способно хоть немного тебе помочь. Уж лучше что-нибудь совсем простое, но реальное.

Великое несчастье – отказаться от реальности ради фантазий прошлого и будущего. Только это мгновение реально. Кроме него ничего нет. Тридцать или сорок лет твоей жизни существуют лишь у тебя в мыслях, в уме. Они суть идея. Как реальность, как факт в твоей жизни есть лишь это мгновение.

Если желание и страх существуют только во времени, значит, они не могут существовать в настоящем, поскольку настоящее – это не время. Некоторые считают, что есть прошлое, настоящее и будущее. Нет, только прошлое – это время. Будущее – то же прошлое.

Психологическое будущее, то есть надежды и ожидания, представляет собой всего лишь проекцию известного, упорядоченного удобным для нас образом. Сейчас – это не время.

Именно поэтому Господь Кришна говорит Арджуне:

> *na tv evāhaṁ jātu nāsaṁ*
> *na tvaṁ neme janādhipāḥ*
> *na caiva na bhaviṣyāmaḥ*
> *sarve vayam ataḥ param*

Не было такого времени, когда меня, тебя и всех этих царей не существовало. Так же и в будущем все мы не перестанем существовать («Бхагавад-гита» 2.12).

Иными словами, мы существовали в прошлом: я, ты и они – по отдельности. В будущем мы тоже будем существовать: я, ты и они. Однако о настоящем ничего не сказано, потому что о нем нечего сказать. В настоящем нет ни ума, ни мыслей, ни джняны, ни тебя, ни меня.

Если глубоко погрузиться в это мгновение, а не жить, накапливая мгновения и составляя из них часы, дни, месяцы и годы, ты увидишь, что деление на «я» и «другой» исчезнет, потому что исчезнет плоскость субъектно-объектных отношений, существующая только в мыслях – только когда есть мыслитель, который мыслит мысли. Итак, дело не в том, что в сейчас тебе удается сдерживать желания, – они просто не могут в нем существовать. Как цветок не растет на камне, так без времени невозможны желание и страх.

Если неожиданно подойти и дать тебе палкой по голове – бац! – ты получишь удар, но страха не будет.

Возможно, ты будешь бояться следующего удара, но не того, который уже получил. Бояться нечего: ты и так его получил. Однако если кто-нибудь скажет: «Завтра я приду и поколочу тебя»... О, вот тогда появляется страх! «Что же мне делать? Позвонить в полицию? Что делать? Спасите! Помогите! Он ненормальный!» Чтобы бояться или желать чего-то, необходимо время: я проецирую этот удар на будущее, вижу, как меня бьют по голове, вижу себя в больнице. Следовательно, я боюсь. Для страха необходимо время. Однако в сейчас страха нет.

Многие думают, будто святые очень смелые. Святые действительно не испытывают страха, но не от смелости. Они не желают, но не потому, что подавили в себе желания, а потому, что живут в сейчас, в настоящем, где нет ни желания, ни страха.

В сейчас происходит сублимация, или возвышение. Дело не в том, что желание уничтожено – просто желание и страх не растут в сейчас. Это своего рода сублимация: только пребывая в сейчас и наблюдая, можно осознать, чего ты на самом деле ищешь. Ты гоняешься за вещами, предметами, деньгами, ситуациями, славой, властью, положением, людьми, однако на самом деле мечтаешь не о том, чтобы насобирать много зеленых бумажек с портретом Джорджа Вашингтона или Томаса Джефферсона. Желая славы, ты хочешь не увидеть перед собой много людей, хлопающих в ладоши. Ты стремишься стать первым в классе не ради того, чтобы тебя назначили знаменосцем и выдали флаг – палку с цветной тряпкой на конце. Палки и тряпки есть повсюду. Можно хоть каждый день по целому часу стоять у себя дома с тряпкой в руках и быть счастливым. Но не этого ты ищешь!

Когда мы мечтаем о новой машине бо́льшего размера и с бо́льшими возможностями, о более просторном доме и т. д., на самом деле мы стремимся к расширению, к снятию ограничений. В глубине себя мы ощущаем безграничное состояние: существовать без ограничений, знать без ограничений, наслаждаться и любить без ограничений. Мы ищем расширения сознания, а не предметов, бумажек, ситуаций, людей, которые будут испытывать к нам какие-то чувства или смотреть на нас.

Это можно доказать: те, кто получил желаемое, не становятся счастливее. Иначе богатые и знаменитые так часто не кончали бы жизнь самоубийством. У того, кто еще не обрел желаемое, хотя бы есть надежда его обрести. Он все еще проецирует прошлое на будущее и думает: «Вот получу и стану счастливым». Как только желаемое достигнуто, будущего больше нет. Надеяться не на что, и остается только прыгнуть с балкона.

Итак, я могу желать лишь того, чего не имею. Было бы глупо, если бы я захотел стать чилийцем, — я и так чилиец! Было бы глупо, если бы я захотел сделаться санньясином, носить оранжевые одежды или отрастить бороду. Это нелогично: невозможно желать того, что у тебя есть или чем ты являешься. Ты всегда хочешь того, чем не являешься, — представляешь себе состояние, в котором не находишься, или обладание тем, чего у тебя нет.

Сейчас приводит тебя к осознанию, что ты уже являешься тем, чем желаешь стать; уже находишься там, где хочешь быть. Это и есть сублимация желания. Ты — безграничное сознание, океан сознания, беспредельный, необъятный. *Ahaṁ brahmāsmi*. Ты есть Брахман, ты есть то.

Вот почему я приглашаю тебя в сейчас. Само сейчас и есть это приглашение. Настоящее постоянно тебя приглашает. Не нужно бороться с желанием и страхом, не нужно их подавлять. Направленность должна быть другой: прими приглашение от сейчас, ведь оно ждет тебя.

Каждый миг суть приглашение прислушаться к этим словам и обратить внимание на то пространство, которого они достигают. Обратить внимание на присутствие того, чем ты являешься и где на самом деле все происходит; на беспредельное пространство сознания, которое в действительности и есть ты; на безвременное пространство. Это – сейчас, и только в нем можно обрести покой, в котором нет ни желания, ни страха, ни вчера, ни завтра – лишь вечное настоящее.

Желание

16 апреля 2010 г.

В «Бхагавад-гите» (16.10) сказано:

> *kāmam āśritya duṣpūraṁ*
> *dambha-māna-madānvitāḥ*
> *mohād gṛhītvāsad-grāhān*
> *pravartante 'śuci-vratāḥ*

Одержимые ненасытными желаниями и полные тщеславия, гордыни и высокомерия, демонические натуры руководствуются злыми намерениями, основанными на заблуждении, и предаются делам, вызванным нечистыми помыслами.

Думаю, этот стих — хороший повод углубиться в изучение темы, которую мы в последнее время обсуждаем: темы желания.

Необходимо в очередной раз пояснить, что происходящее здесь — не урок в привычном смысле слова. Это не лекция, потому что здесь не учат, не наставляют и не передают некие сведения. Скорее это то, что на санскрите называется сатсанг.

Сатсанг — санскритское слово, которое переводится как «встреча с истиной». «Сат» значит «истина», а «санга» — «вместе». Сатсанг подразумевает общение с духовными искателями или святыми, а также пребывание подле духовного мастера. Сатсанг — значит быть вместе, собираться вместе. На такой встрече мы неким образом приобщаемся к истине.

Чтобы понять глубинный смысл слова «сатсанг», необходимо разобраться, что значит быть вместе — по-настоящему вместе. Не просто рядом, не скопом, а именно вместе. Не в общении, а в общности.

Общение происходит между двумя умами. Это тоже встреча, только на уровне разума или слов. «Совместность» — встреча на уровне души, на духовном уровне. Это общность. Чтобы по-настоящему быть вместе, необходимо оставить, отринуть все, что нас разделяет. Я имею в виду внутреннюю разделенность, а не внешнюю. Можно быть очень далеко друг от друга физически, но очень близко внутренне. Когда мы говорим о сатсанге, то есть о близости между мастером и учеником, мы говорим о духовной, внутренней близости.

Преграды, создающие внутреннюю разделенность, это наши несхожие понятия и взгляды на жизнь. Лишь отринув их, пусть даже на мгновение, можно быть вместе. А когда мы отрекаемся от своих идей, когда мы вместе, рождается истина.

Именно об этом говорит «Бхагавад-гита» (4.34): чтобы обрести истину, необходимо пребывать в обществе таттва-даршина, то есть узревшего истину. В этой общности, в этой совместности мы воспринимаем истину просто благодаря тому, что мы вместе. Иными словами, дело не в сведениях, передаваемых во время сатсанга, и не в произносимых словах. Это встреча не на уровне преподаватель – студент, а на уровне гуру – ученик. Встреча между преподавателем и студентом происходит на интеллектуальном, ментальном, вербальном уровне. Это общение. Сатсанг – это общность. Он происходит на уровне души, сердца, духа.

Мы уже упомянули, что сегодня будем говорить о желании. Что же представляет собой сила желания, движущая и помыкающая всем человечеством? Сила эта управляет нами настолько – как на индивидуальном, так и на коллективном уровне, – что качество нашей жизни зависит от испытываемых нами желаний. Вот до чего важно желание!

Что такое желание? Где оно возникает? Откуда берется?

Все религии, в том числе буддизм, ислам, иудаизм и христианство, так или иначе говорят о страданиях, которые таит в себе желание, и о проблемах, к которым оно приводит.

Однако важно понимать, как возникает желание, поскольку решение любой проблемы состоит в осознании, а не в некоем лекарстве, методе или псевдо-средстве. Вот почему подавление или бегство ничему не поможет. Другими словами, искатель Истины не гоняется за решениями.

В сфере духовности и религии полным-полно искателей решений, что, естественно, ведет к появлению тех, кто эти решения поставляет, то есть спасителей. Многие постоянно стремятся избежать горя, боли и страдания. Пытаются найти такую мантру, метод или гуру, которые предоставят им решение.

Однако если искренний искатель следует духовным путем и хочет познать Истину, Бога, любовь, ненависть или страх — хочет увидеть и стать тем, кто в индуизме зовется «риши» (видящий), — сдерживать, подавлять или пытаться сбежать не имеет смысла. Естественно, когда я пытаюсь от чего-то сбежать, я не могу ни увидеть его, ни проанализировать. Поэтому так важно постараться увидеть, что такое желание и откуда оно берется.

Недавно мы говорили об интересной концепции из области нейролингвистического программирования, которая на первый взгляд может показаться простой, но на самом деле достаточно полезна: «Карта не есть местность». Реальность сравнивается с местностью, с территорией страны или города, а наша версия реальности — с картой. Другими словами, с помощью пяти чувств — обоняния, зрения, осязания и т. д. — мы собираем сведения, создаем на их основе внутреннюю карту, а затем воспринимаем реальность в соответствии с ней.

Однако местность это не карта, а реальность — не созданная нами версия реальности. Карты состоят из символов: дороги отмечены линиями, а города — точками, но линии и точки не есть дороги и города. На нашей внутренней карте, в нашей внутренней версии реальности тоже присутствуют символы: идеи, слова, фигуры, формы, понятия и т. д. Например, деньги, флаг, машина... Каждый символ — продукт прошлого, памяти — возникает в виде полученного где-то впечатления. Впечатления сопровождаются интерпретациями и откладываются в памяти в виде символов. То, как я смотрю на деньги, зависит от моей семьи, города, прошлого и опыта. Деньги — это символ, вызывающий у меня определенные чувства. Каждый символ — машина, дом, возлюбленный — пробуждает во мне некое ощущение. В другом человеке он пробудит что-то другое.

Если ощущение неприятно, оно возбудит во мне то, что мы зовем страхом или отторжением, и заставит бежать. Однако если интерпретация символа вызовет приятное ощущение, я постараюсь его испытать. Так возникает цепочка, которая в йоге называется джняна, иччха, крия: знание — это движущая мною сила; из него рождается желание, а желание побуждает к действию.

Такое действие не свободно. Оно проистекает из прошлого, порождено желанием и направлено не на получение самого предмета, а на погоню за ощущением. Например, деньги вызывают у меня приятное чувство власти, поэтому я действую, чтобы получить деньги и испытать это чувство.

Всем известно, что желание удовлетворить невозможно: едва исполнишь одно, как возникают новые. А когда исполняешь и эти, появляются еще и еще! Так мы никогда не достигнем удовлетворения. Мы привыкли гоняться за ощущениями, которые порождены символами. Привычка эта закрепляется тем сильнее, чем больше мы ей потакаем, однако мы не чувствуем себя удовлетворенными.

Причина очень проста: ощущения не есть нечто вещественное. Они эфемерны и порождены столь же эфемерной интерпретацией ментального символа, тоже в свою очередь эфемерного. В конечном счете все это — мир пузырей, иллюзий, фантазий и снов. В нем нет ничего вещественного.

Следовательно, даже превратившись в автомат для погони за ощущениями, я никогда не испытаю удовлетворения, потому что у меня нет власти, а есть лишь ощущение власти; нет внимания, а есть лишь ощущение внимания.

Допустим, у меня в голове есть символ того, что значит быть пианистом или гитаристом: я представляю, как окружен всеобщим вниманием и чувствую себя любимым. Ощущение, что я любим, побуждает меня стать великим музыкантом. И вот я достигаю ощущения, что меня любят. Однако это всего лишь ощущение, а не настоящая любовь. Точно так же чувство счастья не есть само счастье, а чувство покоя не есть сам покой.

Я никогда не обрету удовлетворения, гоняясь за ощущениями и желаниями, потому что желание есть прошлое. Оно зарождается в прошлом, исходит из прошлого и удовлетворяет нечто в прошлом. Желание не связано с настоящим. Следовательно, желание – это время: оно приходит из прошлого и проецирует себя на будущее. Символ содержится в памяти, а чувство, которое он вызывает, проецируется на будущее: как бы я выглядел с этим символом, с этой машиной, деньгами, семьей, медалью, дипломом или чем-то еще? Я гоняюсь за этим «каково бы это было?», однако то, что не находится в сейчас, не способно меня удовлетворить. Та пища, что я ел в прошлом году или буду есть в следующем, не насытит меня сейчас. Стакан воды, который я выпил два месяца назад или который мне обещают налить через полгода, не утолит жажду в настоящий момент.

Желание – это механизм, связанный исключительно с прошлым и будущим, но не с настоящим. Оно не имеет отношения к этому моменту. Желание заставляет отказаться от настоящего ради будущего, отвергнуть, не обращать внимания на сейчас – на реальность, жизнь, бытие – и запутаться в сетях завтрашнего дня. Желая, мы полностью отказываемся от того, что есть, – чем я являюсь, чем обладаю, – ради того, что могло бы быть, что я получу в будущем. Мы променяем реальность на сон, на фантазию.

Но однажды у нас возникает очень странное желание – желание покоя, свободы, реальности; желание вырваться за пределы того, чем мы являемся. Это желание многие называют зовом Божьим. Однажды в нас пробуждается желание, отличное от всех остальных и содержащее в себе все прочие желания. Отличие в том, что это желание невозможно удовлетворить, пытаясь его удовлетворить. Его невозможно удовлетворить завтра или в будущем, поэтому нет необходимости в действии, порожденном ощущением.

Это желание любви, а не чувства любви. Желание быть свободой, а не испытать чувство свободы. Желание Истины – не того ощущения, которое вызывает у нас слово «истина», а самой Истины, первоначала и источника всех символов.

Многие совершают ошибку, превращая Бога, Истину, свободу, Ничто, Всецелостность в очередной символ, вызывающий некое чувство. Они начинают заниматься разными практиками, чтобы испытать это чувство, и в итоге запускают все тот же механизм, потому что думают так: «Если я желаю свободы, я должен практиковать садхану, медитацию, джапу – должен читать книги, чтобы стать свободным». Но это другая направленность. Ты свободен по своей природе! Самая твоя сущность есть свобода. Садхана, то есть духовная практика, – это хорошо, но лишь для того, чтобы не забывать, не более!

Желание должно быть недеянием. Пусть желание Бога покоится в своем собственном источнике. Нужно использовать его как инструмент, как средство передвижения, которое переносит нас к своему источнику. Ведь дело не в том, что ты желаешь Истины. На самом деле, когда ты желаешь просветления, Истина желает тебя. Следует осознанно пребывать в этом желании, позволить ему вернуться. Смотри, созерцай, куда оно тебя ведет, куда переносит. Ты увидишь, что оно ведет тебя к тебе же, обратно домой, обратно в то место, которого ты никогда не покидал, никогда не оставлял.

Прыжок в сферу реального

20 февраля 2010 г.

oṁ

oṁ

oṁ

oṁ gaṁ gaṇapataye namaḥ
oṁ guṁ gurubhyo namaḥ
om aiṁ sarasvatyai namaḥ

oṁ saha nāv avatu
saha nau bhunaktu
saha vīryaṁ karavāvahai
tejasvi nāv adhītam astu
mā vidviṣāvahai

oṁ śāntiḥ śāntiḥ śāntiḥ
hariḥ oṁ tat sat

Я назвал свою книгу «Йога — единство с реальностью», потому что жизнь человека совершенно оторвана от реальности. Мы учимся, растем и развиваемся в ментальной сфере идей. Наш мир — это мир мыслей, выводов, понятий. Поэтому говорят, что когда происходит откровение, называемое просветлением, мир исчезает. Исчезает именно мир идей, и мы перестаем жить в сфере выводов и понятий.

Если присмотреться, мы увидим, что в нашем обществе успешными считаются те люди, которые соответствуют собственным ожиданиям. А что есть ожидания, как не идеи, мысли, фантазии? Все это происходит в мире ума. Например, мы часто слышим: «Он нашел женщину своей мечты» или «Она нашла своего прекрасного принца».

Сами того не сознавая, мы живем в воспоминаниях и сожалениях о прошлом, реагируем с позиции прошлого, лелеем ожидания и надежды на будущее. Все это — просто идеи; они существуют лишь в уме и не имеют никакого отношения к реальности. Твои ожидания никак не связаны с реальной, экзистенциальной сферой фактов, которая существует только в настоящем, только сейчас.

Мы взаимодействуем не с реальностью, а с искусственно созданной картой реальности, на которой изображена местность. Однако местность не есть карта. Карта составлена из идей, сведений, мыслей и выводов, которые основаны на информации, полученной через органы чувств. Мы взаимодействуем с этой картой настолько тесно, что для каждого из нас его собственная карта и есть сама местность: мы путаем карту с реальностью.

Йога — это единство с реальностью в том смысле, что ее система, ее слова, все то, что можно почерпнуть из священных писаний, а также слова, которые мы сейчас произносим, – все это не призвано сообщить человеку новые сведения, идеи, понятия, новую доктрину или философию. Цель нашей беседы, как и самой религии, – пробудить нас для мира фактов и реальности.

В мире идей мы знаем, что огонь жжется; в мире реальности – суем палец в огонь и обжигаемся. В мире идей мы говорим о страхе, любви, злости, гневе и ревности. А теперь давайте посмотрим, насколько все это реально в мире фактов. В мире идей мы говорим о воспоминаниях, моделях поведения, реакциях, надеждах, ожиданиях. Насколько все это реально в мире фактов, в мире реальности?

Мы не понимаем, что переход от материальной жизни к духовной состоит именно в том, чтобы перестать жить в мире идей, понятий, ожиданий, воспоминаний и выводов и начать жить в мире фактов. Не в мире того, что было или чему следует быть. Не в мире того, что могло бы быть или будет, а просто в мире того, что есть. Именно поэтому я определяю медитацию как созерцание того, что есть, как оно есть.

Если хотите постичь то, что я имею в виду, недостаточно оставаться на поверхности этих идей. Необходимо проникнуть в них глубже, потому что мир фактов, мир реальности можно найти только в глубине.

Под миром идей я подразумеваю поверхностность. Мы употребляем слова, не зная, что, собственно, они символизируют. Слова – это символы, и зачастую мы остаемся в мире символов, не пытаясь глубоко их проанализировать.

Многие верят в Бога, другие в него не верят, однако мало кто задается вопросом, что есть Бог. Многие религиозны, другие нет, но разве они по-настоящему постигли, что значит быть религиозным? Что такое религия? Многие утверждают, будто знают истину, но мало кто дает себе труд поразмыслить, что же такое истина.

Это очень важно, особенно когда пытаешься медитировать. Дхьяна, или медитация, представляет собой прыжок из мира того, что должно быть или чего нам хочется, в то, что есть. Когда мы медитируем, мы стремимся созерцать то, что есть. Поэтому очень важно отказаться от всего, чего мы надеемся достичь с помощью медитации. Это необходимо, поскольку пока у нас есть ожидания, они будут привязывать нас к миру мыслей.

В «Бхагавад-гите» (18.66) Кришна говорит:

sarva-dharmān parityajya
mām ekaṁ śaraṇaṁ vraja
ahaṁ tvāṁ sarva-pāpebhyo
mokṣayiṣyāmi mā śucaḥ

Отринь всякую дхарму, отринь всякое действие, отринь всякий долг и предайся мне. Я защищу тебя — не бойся.

Что же мы должны отринуть? От чего отказаться? Мы должны отринуть то, что в индуизме называется майя, иллюзия. Отринуть материальный мир, чтобы перенестись в мир духовный и предаться ему. Но что же это значит?

Мы должны отказаться от ментального мира, созданного из пузырей. Отказаться от прошлого — того самого прошлого, которое проецируем на будущее в виде фантазий. Отказаться от ожиданий, от ментального мира и покориться, предаться реальности,

Кришне, тому, что есть. Отказаться от всего, чем, по нашему мнению, нам следует быть. Потому что это не только наши ожидания и надежды. Если посмотреть глубже, ты увидишь, что на самом деле, быть может, стремишься оправдать ожидания матери или отца. А их ожидания, в свою очередь, связаны с ожиданиями бабушек и дедушек – всей твоей семьи. От всего этого необходимо отказаться.

Именно в этой связи Кришна говорит: «Не бойся». Почему мы боимся отринуть мир идей? Чего тут бояться? Я боюсь, потому что мир идей – это и есть я. По крайней мере, меня убедили, что это так – что я есть имя, личность, кто-то.

Отринуть ментальную сферу – значит отринуть себя. Это значит умереть, исчезнуть, испариться. И Кришна говорит: «Не бойся – ты защищен». Защищен не в том смысле, что с тобой ничего не случится. Скорее, просто нет никого, с кем может что-то случиться, поскольку этот кто-то – всего лишь идея. Откажись от себя как от сновидения и покорись тому, чем на самом деле являешься как факт, как реальность.

Медитировать – значит просто взаимодействовать с тем, что есть, пребывая здесь и сейчас. Это и есть отречение, это и есть прыжок. Утвердись, пребывай как то, чем на самом деле являешься, здесь и сейчас.

oṁ
oṁ
oṁ
śāntiḥ śāntiḥ śāntiḥ
hariḥ oṁ tat sat

Желание скрывает от нас реальность

18 апреля 2010 г.

На этом сатсанге мы еще немного разберем, что же такое желание. Оно управляет человечеством, подталкивает нас вперед и тащит за собой. Почти за всем, что делает человек, стоит желание. Откуда оно берется? Где возникает? Каковы его корни? Давайте постараемся не просто думать о желании, а увидеть его в себе.

Данный вопрос связан с темой, которую мы уже обсуждали: как мы получаем знания и находим ответы. Мы накапливаем знания, создавая образы всех и вся. Любую информацию, которую я получаю, вижу и слышу, я храню в виде образов, поскольку это мой способ дать ей определение. Я даю определение даже людям: мои друзья, моя мать, мой отец, брат, сестра, тети и дяди, соседи, жена, муж. Я создаю образ или символ человека и строю отношения с данным символом. Так я взаимодействую с реальностью.

Моя страна, моя работа, моя партия, моя машина – все это образы. Но в первую очередь у меня есть образ самого себя. Итак, то, что мы называем знанием, представляет собой огромное скопище образов, или символов. Когда мне говорят: «Соединенные Штаты Америки», — для меня это символ. Когда я слышу: «еврей», «араб», «чернокожий», «китаец», я воспринимаю эти слова как образы.

Затем идет мое восприятие данного образа или символа. Каждый воспринимает образы в соответствии со своей жизнью и придает им собственный смысл. Деньги, автомобиль («кадиллак» или «роллс-ройс»), золотые часы, спутник жизни и т. д. — для каждого все это значит что-то свое. Сначала идет восприятие образа, затем — интерпретация и, наконец, чувство или ощущение, которое данная интерпретация у нас вызывает: для одного деньги символизируют власть, для другого — защищенность; для одного найти пару — значит чувствовать себя любимым или обрести определенное положение в обществе, для другого — получать внимание, не быть одиноким и т. д.

Если чувство это неприятно, возникает то, что мы называем страхом или отторжением: мы не хотим его испытывать и бежим от него. Если чувство приятно, мы за ним гонимся, хотим его достичь, воплотить в действительность, испытать: так рождается желание — желание испытать это чувство. Затем идет действие — стремление получить деньги, власть, славу, стать великим политиком или великим лидером. Однако любое действие совершается не ради цели как таковой, а ради того ощущения, которое она в себе несет.

Если образ великого писателя, музыканта, художника вызывает у меня ощущение, что я любим и окружен вниманием, и если ощущение это мне приятно, я начинаю писать книги, играть на музыкальных инструментах, рисовать, танцевать или что-то еще. С тем же успехом я могу мечтать сделаться политиком или бизнесменом. В любом случае я стремлюсь быть на виду, чтобы все на меня смотрели и я чувствовал себя любимым.

Хотя многим может показаться, будто я люблю музыку, искусство, живопись, литературу, на самом деле то, чем я занимаюсь, не имеет ко всему этому никакого отношения. Мои действия обусловлены неким ощущением – потребностью во внимании и любви, в человеческом тепле. Но поскольку любое чувство связано с пространством и временем, оно быстро проходит. Люди расходятся по домам, а я остаюсь один и хочу это чувство повторить. И вот... новое выступление, новая песня, новая презентация, новая книга – исключительно ради ощущения, что мне опять аплодируют. Можно разобрать бесконечное множество ситуаций, но принцип везде один и тот же: ощущение, которое хочется повторять, повторять и повторять.

Как любое повторение, этот процесс входит в привычку, и мне становится скучно. И что же теперь? Нужно что-то менять! И вот я нахожу новый образ или символ. Однако закрепляя привычку гоняться за ощущениями, я себя механизирую, превращаюсь в машину, которая воспроизводит чувства или ищет символы, принадлежащие прошлому.

В какой-то степени меня не покидает чувство, что каждый раз, испытывая эти ощущения, я остаюсь с пустыми руками. Чем больше я стремлюсь к исполнению своих желаний, тем больше желаний испытываю, однако никогда не чувствую себя по-настоящему удовлетворенным. Как бы ни было сильно ощущение власти и защищенности, которое дают мне деньги, как бы остро я ни чувствовал себя любимым, потому что хорошо пою или умно говорю, все это лишь ощущения.

Чувство власти не есть власть, чувство защищенности не есть защищенность, чувство, что ты любим, не то же самое, что быть любимым. Все это лишь проекция хранящихся в памяти образов и символов, приобретенных в прошлом. Проекция прошлого, которая не имеет никакого отношения к реальности того, что происходит в настоящее мгновение.

Желание суть прошлое – проекция памяти на будущее. Оно отрывает нас от реальности настоящего. Другими словами, любое желание берет начало в прошлом. Желание – это известное, которое в виде воображения проецирует себя на завтрашний день, вырывая нас из сейчас.

Желание представляет собой не то, что есть, а то, что могло бы быть. Не то, что есть, а то, чего бы мне хотелось. Но то, чего бы мне хотелось, основано на некой информации, знании, символе или идее, которые я получил в прошлом. Я воспринял их в соответствии со своим прошлым, и они вызвали у меня какое-то чувство. Чувство было записано в моей памяти и спроецировано на будущее: это и есть воображение.

Все желания обитают в уме. Ум есть время, а время есть ум. Естественно, я говорю о внутреннем времени: не о времени по календарю или часам, а о мысленном времени. Мысль – это прошлое, которое реагирует на настоящее. Мысль – это то, что было и что будет, что могло бы быть и чего бы мне хотелось, то, на что я рассчитываю… но не то, что есть.

На любом духовном пути, в любой религии нам говорят, что желание – источник боли, страдания и горя. Это действительно так, потому что каждый раз, когда я желаю, я отказываюсь от настоящего ради будущего, от сейчас ради завтра, от того, что есть, ради того, чего бы мне хотелось. Я променяю реальность на сон, фантазию, мираж.

Если тебе хочется пить, лучше согласиться на стакан воды сейчас, чем на стакан сливового сока в следующем году или два года назад. Всего лишь стакан воды, но сейчас. Если я голоден, мне нужна простая тарелка супа с куском хлеба, но сейчас! Роскошный ужин пару лет назад мне ни к чему, как и великолепный обед из двадцати блюд через три года. Лучше тарелка супа с кусочком хлеба, но сейчас, потому что с настоящим, с реальностью можно что-то делать, а с тем, что будет или что было, нельзя. Когда ты желаешь, твое внимание переключается с того, что есть, на то, чего бы тебе хотелось. Именно поэтому мы так мало знаем о самих себе.

Мы живем в страшном невежестве во всем, что касается нас самих. Ни один человек не знает, кто он, зато все в курсе, кем бы им хотелось быть. Интересное наблюдение: спроси любого, кем ему хочется стать, и он ответит, что хотел бы стать тем-то и тем-то. Однако никто не знает, кто он сейчас. Мы предпочитаем жить в мире теорий – лишь немногие живут в мире фактов. Просветление – это жизнь в реальном мире. Майя, иллюзия – жизнь в мире гипотетическом, в мире теорий.

Человек желаний живет там, где бы ему хотелось, а не там, где он живет на самом деле. Он не там, где он есть, а там, где бы ему хотелось быть. А не быть там, где ты есть, — не быть тем, чем ты являешься, — значит отказаться от жизни, от реальности. Тебе недостает живости, которую несет в себе пребывание в реальности. Ты оторван от жизни, реальности, бытия, мироздания — от всего, что живо.

Желания заставляют страдать. Ты идешь по улице, и вот твои органы чувств что-то регистрируют, будь то миллион долларов, дорогое украшение, автомобиль последней модели, привлекательный мужчина или женщина. Ты начинаешь желать и страдаешь, потому что не имеешь желаемого. В тебе просыпается аппетит, который и называют желанием. Ты прилагаешь усилия, чтобы получить желаемое, и это тоже сопряжено со страданиями. Чтобы получить миллион долларов, автомобиль, привлекательного мужчину или женщину, нужно работать, что-то предпринимать, прилагать усилия и чем-то жертвовать. Получив желаемое, ты думаешь: «Теперь можно наконец-то расслабиться!» Но нет! У тебя есть миллион долларов, однако теперь тебе приходится читать газеты и следить, каково положение на Уолл-стрит, вырос или упал курс доллара. Песо растет! Курс иены меняется!

Даже если ты женился на Мисс Вселенной, она может тебя бросить. А ревность — тоже страдание. Если твоя жена — красавица, тебе страшно ее потерять. Если твой муж хорош собой, ты боишься, как бы его не увели. Если у тебя есть дорогое украшение, ты опасаешься выходить на улицу по вечерам, потому что могут ограбить… Опять страдание!

Наша жизнь переменчива и непостоянна — все в ней непрерывно меняется. Даже если жена — Мисс Вселенная, а муж — кинозвезда, время идет, и однажды ты обнаружишь, что Мисс Вселенная или сногсшибательный актер исчезли, а рядом с тобой спит старик или старуха. Ты потерял желаемое. Все преходяще: деньги кончаются, модели автомобилей меняются. Ничто не остается прежним.

В этой непостоянной и переменчивой реальности мы теряем все. Я теряю то, к чему привязан, и поэтому страдаю: страдаю, когда не имею и желаю; страдаю, когда имею и боюсь потерять; а если потерял, снова страдаю! Желание — это источник страдания. Не предмет сам по себе, а желание им обладать.

Что же делать? Некоторые говорят: «Хорошо, тогда я перестану желать. Сделаюсь религиозным, духовным и больше не буду желать». Но стремление не желать — тоже желание, потому что теперь я желаю не желать желанного. Что же мне делать? Получается, теперь я желаю перестать желать не желать желанного. Видите? Выхода нет.

Однажды возникает желание не чего-то конкретного, а свободы. Не ощущения свободы, а Истины. Не ощущения любви, а самой любви. Не быть кем-то или чем-то, чтобы испытать некое ощущение, а огромное желание быть — просто быть! Быть тем, чем я являюсь. Это и есть желание просветления. Особенное желание. Единственное желание, которое невозможно удовлетворить, совершая действия или стремясь его осуществить. Как раз наоборот: если я вовлекаюсь в механический процесс, описанный ранее, это лишь отдаляет, отрывает меня от осуществления моего желания.

Когда речь идет о таком желании, не нужно действовать, проецируя на будущее некий образ – ощущение, каково это будет или как ты будешь выглядеть. Некоторые именно так и делают: когда они испытывают это желание, то допускают ужасную ошибку – создают образ Истины, просветления, Бога. Образ будит в них определенное ощущение, они проецируют его на будущее и гонятся за чувством, которое вызывает у них Истина, просветление, Бог. В результате они испытывают все большую отделенность от желаемого и досаду.

Это желание не стремится к некому переживанию в будущем. Не пытайся осуществить его завтра. В этом желании нужно покоиться – сейчас, в настоящем. В настоящем все прочие желания исчезают. Когда ты пребываешь в сейчас, ты не желаешь. Не в ощущении, которое у тебя вызывает символ «сейчас», а в настоящем, в данном мгновении. Покойся в своем желании. Позволь ему привести тебя в то место, откуда оно возникает, – к источнику, в котором зарождается. Ты увидишь, что желание просветления есть рука, которую протягивает Бог, чтобы обнять тебя.

Не столько ты желаешь Истины, сколько Истина желает тебя.

Не столько ты желаешь свободы, сколько свобода желает тебя.

Это божественное желание; это Бог зовет тебя.

Покорись этому желанию!

Позволь ему разгореться, превратиться в страсть! Страсть к свободе, любви, Истине!

Позволь ему провести тебя к своему источнику.

Доверься ему: оно знает, куда идти.

Медитация – путь к свободе

20 февраля 2010 г.

oṁ
oṁ
oṁ

oṁ gaṁ gaṇapataye namaḥ
oṁ guṁ gurubhyo namaḥ
oṁ aiṁ sarasvatyai namaḥ

oṁ saha nāv avatu
saha nau bhunaktu
saha vīryaṁ karavāvahai
tejasvi nāv adhītam astu
mā vidviṣāvahai
oṁ śāntiḥ śāntiḥ śāntiḥ

hariḥ oṁ tat sat

Для всякого религиозного человека, искателя, мечтателя — для каждого, кто жаждет свободы, — один из главных вопросов состоит в том, возможна ли свобода и что она собой представляет.

При слове «свобода» некоторые думают, что речь о политике. Однако свобода от коммунизма или империализма, от китайцев, арабов или евреев, от мужа или жены не есть настоящая свобода, поскольку при такой свободе мы полностью сосредоточены на других. Это внешняя, поверхностная свобода. Можно назвать ее материальной.

Требуется продолжительное самосозерцание, чтобы понять: происходящее изменить невозможно. Главное — изменить то, как мы на него смотрим. Что называется, «не пытайся изменить происходящее — измени свое отношение к нему».

Итак, говоря об истинной свободе, мы говорим о свободе от самих себя. Возможно ли избавиться от своих моделей поведения, от ума, которым мы являемся или, по крайней мере, которым себя считаем?

Ум состоит из боли, страданий, страхов, амбиций, комплексов, желаний. Все, что его составляет, исходит от других людей, и именно этим я себя считаю. Точнее, именно этим я являюсь, поскольку с той точки зрения, с которой мы смотрим на жизнь, мы являемся именно этим. И главный вопрос таков: возможно ли выйти за пределы умственного содержимого и освободиться?

Таков наш мир, в котором мы движемся и живем. Он находится у нас между ушей. Это ум. Ум есть то, что мы собой представляем, наша реальность: реальность наших комплексов, привычных реакций, взглядов, страхов и опасений. Вот наш мир — вот то, что мы собой представляем. Возможно ли от всего этого освободиться?

Зачем вообще освобождаться? Просто все, что является умом, ограниченно и исходит от материи, от других, от мира форм. Ум — это информация, полученная от родителей, братьев и сестер, друзей, соседей, одноклассников, коллег, однополчан и т. д. Все, начиная с имени и заканчивая любимой газетой или привычной реакцией на сочувствие или презрение, исходит от мира форм, а мир форм ограничен. Следовательно, все то, что я собой представляю, тоже ограниченно.

А если дело обстоит именно так, значит, я сам ограничен, поэтому желание свободы есть милость. Если бы я сумел освободиться, то стал бы свободен от материи. Способен ли я освободиться? Очень важный вопрос.

Теперь нам ясно: ничто из того, что я делаю как ум, как ментальное содержимое, не способно вывести меня за пределы ума. Это очень важно. Ничто из того, что я делаю как Я-идея, Я-эго, Я-понятие, не может помочь мне выйти за пределы того, чем я являюсь. Ничто из того, что делает эго, не может вывести его за пределы себя самого. А поскольку сделать ничего невозможно, единственное, что остается, это, так сказать, сидеть и наблюдать.

Именно это в санатана-дхарме, в индуизме называется дхьяной, то есть медитацией. Медитация начинается только после того, как ты познаешь, что не можешь ничего сделать, что все усилия тщетны, поскольку любое действие порождено идеей, за которой скрывается мысль, а любая мысль или идея берет начало в ограниченном умственном содержимом. Поэтому Я — ограниченное я, Я-идея — не способно вывести себя за пределы себя самого. Невозможно обхватить себя покрепче и приподнять. Следовательно, единственное, что остается, это наблюдать... созерцать... и ничего не делать. И тут мы достигаем дхьяны, медитации.

Но что такое медитация? Медитировать — значит наблюдать, не делая ничего ни на одном из уровней. Действие на физическом уровне — всего лишь выражение мысли, желания, идеи. Следовательно, нужно ничего не делать на ментальном уровне: *yogaś citta-vṛtti-nirodhaḥ*. Медитировать — значит не делать ничего на ментальном уровне, в полном отсутствии движения вритти, и только созерцать.

В этом созерцании мы созерцаем формы и движения. В карма-йоге мы занимаемся созерцанием действия. В хатха-йоге, практикуя йогические позы (асаны), мы созерцаем каждое усилие, каждую мышцу, каждое сухожилие. Во время пранаямы мы созерцаем дыхание: вдыхая, наблюдаем, как воздух проходит в ноздри, а выдыхая — как он выходит наружу.

В процессе созерцания мы постепенно погружаемся в себя, а погружаясь в себя, обнаруживаем следующее: то, что мы считали внутренним, становится внешним. То, что раньше было самым близким — мое тело, — становится далеким, становится «чем-то», потому что, созерцая тело, я создаю дистанцию между своим Я и телом. Я перестаю отождествлять себя с ним. Тело перестает быть мной и становится просто телом. Потом мы погружаемся глубже и точно так же созерцаем сначала мысли, а затем чувства и эмоции. Это и есть медитация.

Медитация — созерцание того, что есть, как оно есть, без влияния и вмешательства ума. Ум перестает быть тем, кто медитирует, и становится объектом медитации, объектом созерцания. Для многих духовных искателей это представляет серьезную трудность: как перестать отождествлять себя с эго и открыть, чем я на самом деле являюсь? Как освободиться от эго? Невозможно бороться с собственными представлениями о себе самом. Невозможно отвергнуть эго или себя как эго. Невозможно толкнуть, пнуть или избить себя самого. Однако созерцая свои реакции, выводы, модели поведения, движение мыслей и идей, в один прекрасный момент ты заметишь очень интересный феномен: все, что можно созерцать, истончается, теряет плотность. Любая идея, любое понятие, вывод, мысль, которые ты созерцаешь, утрачивает вещественность, испаряется, исчезает. И в то же время едва ощутимое крепнет: душа, дух, сознание и созерцание постепенно обретают плотность, пока не наступает последний уровень перед нирвикальпа-самадхи: созерцание созерцающего, созерцание медитирующего, созерцание себя самого.

Затем происходит самое удивительное откровение: ты испаряешься, истончаешься, утрачиваешь плотность. Испаряется Я – самое плотное в твоей жизни: я хочу, я не хочу, я люблю, я не люблю. Мне, мое. Больше всего на свете мы боимся потерять свое Я и видим угрозу во всем, что хоть как-то его умаляет. Но в момент его исчезновения сознание открывается во всем своем великолепии.

Долгое время меня мучил вопрос, как исчезают идеи и выводы. Почему понятия, мысли и само Я растворяются, когда их созерцаешь? Почему они утрачивают плотность? Куда уходят? Почему созерцание крепнет? Почему созерцание, бывшее самым неуловимым и неощутимым, становится плотным и вещественным, достигая максимального проявления, когда растворяется медитирующий? Куда все это исчезает?

Знаете, почему происходит это растворение? Во время созерцания совершается следующее: ты обнаруживаешь, что не являешься мыслями, идеями, выводами. Ты не есть Я-мысль, Я-идея, которой себя считаешь. Все наоборот: мысли и идеи — это ты. Ты — это не выводы и понятия, но выводы и понятия — это ты. Они исходят от тебя, они часть тебя, они — это ты.

Волна не есть океан, поскольку она ограничена, временна, имеет начало и конец, но в то же время волна есть океан, потому что она состоит из воды. Так и ты — это не мысли, понятия и умозаключения, не Я. Однако мысли и понятия — это ты, поскольку когда ты видишь их и созерцаешь, они проявляются как сознание.

Каждая мысль и идея, которую ты созерцаешь, испаряется как нечто отдельное и независимое и в то же время проявляется как сознание. Сознание начинает обретать плотность и расти: океан становится ощутимым, и вот наконец ты больше не видишь волн, пузырей и пены, а видишь только беспредельный океан сознания: *tat tvam asi*. Этот беспредельный океан сознания и есть ты — то, чем ты на самом деле являешься.

oṁ

oṁ

oṁ

śāntiḥ śāntiḥ śāntiḥ

hariḥ oṁ tat sat

Созерцание внутреннего конфликта

5 марта 2010 г.

Для начала объясним кое-что по поводу наших встреч. Будем называть их встречами, поскольку нельзя назвать их занятиями или лекциями в полном смысле слова. Встречу мастера с учениками невозможно сравнить со встречей преподавателя со студентами, так как речь идет о совершенно другом типе отношений.

Если говорить о вас, студенты вы или ученики – зависит от вашей позиции. Позиция студента в высшей степени пассивна: хотя студент задает вопросы, на самом деле он просто ждет, чтобы некая внешняя сила, будь то книга или преподаватель, предоставила ему знания.

Отношения с духовным мастером – совсем другое дело. В «Бхагавад-гите» (4.34) сказано:

tad viddhi praṇipātena
paripraśnena sevayā
upadekṣyanti te jñānaṁ
jñāninas tattva-darśinaḥ

Здесь сказано, что духовный мастер есть таттва-даршин («видящий истину» или «узревший истину»).

Отношения гуру с учениками предполагают, что гуру что-то показывает или на что-то указывает. Мастер — это палец, указывающий в определенном направлении. Поэтому важно, чтобы позиция ученика была активной и он всегда пребывал с мастером как с проводником, который помогает добраться до места и показывает то, что ты хочешь увидеть. Необходимо следовать за проводником и постоянно быть с ним.

Что поможет сохранять близость к мастеру и всегда следовать за ним? Любовь и преданность — вот что позволяет сосредоточить внимание на мастере и идти с ним — вместе с ним. Именно поэтому в начале сатсанга мы говорим:

oṁ saha nāv avatu

saha nau bhunaktu

saha vīryaṁ karavāvahai

tejasvi nāv adhītam astu

mā vidviṣāvahai

Это и есть сатсанг, пребывание вместе, а объединяет нас Истина.

Преподаватель со студентами стремятся к знанию, гуру с учениками — к мудрости. Мастер с учениками движутся вглубь, преподаватель со студентами — линейно: один, два, три, четыре… Если дошел до десяти, знаешь больше, если до двадцати — еще больше; когда доберешься до пятидесяти, узнаешь много, когда до ста — целую уйму.

Однако путь мастера и учеников — путь мудрости, духовности, религии — это один, и вновь один, и еще раз один, чтобы лучше познать один, испытать один, соприкоснуться с ним, достичь его корней, самой его сути — того, что таится в его глубинах.

Именно поэтому необходимо следовать за мастером, ведь для ума такое направление непривычно: ум привык скользить по поверхности.

Поэтому важно, чтобы вы старались следовать за мной, быть со мной.

Мастер никогда не требует, чтобы ученик с ним соглашался или не соглашался. Как принятие, так и непринятие учения создает помеху, поскольку речь не о том, чтобы согласиться или не согласиться, принять или отвергнуть, а о том, чтобы исследовать, открыть, увидеть, можем ли мы найти в себе подтверждение тому, о чем говорят шастры.

Теперь давайте поговорим о йоге. Санскритское слово «йога» переводится как «единство». Однако можно проанализировать его глубже: оно означает не только единство, но и гармонию и, более того, процесс интеграции.

Почему интеграция? Почему она необходима? Потому что наше страдание обусловлено дезинтеграцией. Наши мучения и боль порождены той раздробленностью, которую все мы носим внутри. Поэтому попытка выйти за пределы страдания и боли, преодолеть их в некотором смысле есть интеграция.

Если понаблюдать, мы заметим, что любая раздробленность или внутренняя разделенность так или иначе ведет к конфликту — конфликту, проявления которого мы видим повсюду: войны, террор, преступность, классовая борьба. Мы осуждаем преступления и насилие в семье, однако не отдаем себе отчета, что мы и есть мир и общество: мы – его часть. Поэтому нет осуждающих и осуждаемых. Все мы – часть повсеместного конфликта, представляющего собой не что иное, как проявление или выражение конфликта внутреннего, который каждый из нас – или же человек вообще – носит в себе и которым является. Это необходимо рассмотреть и проанализировать.

Откуда возникает конфликт и раздробленность? Прежде всего нужно сказать, что конфликт берет свое начало во времени, а время – это мысль, это ум. Разумеется, я имею в виду не время по часам или календарю, а время как таковое.

Для нас время – это то, что было, и то, что будет. Прошлое – это ностальгия, воспоминания, известное, а будущее – ожидания и надежды, то, чего от нас ждут, чему следует быть. Мы считаем, что прошлое и будущее существуют, однако будущее – не более чем мои ожидания, надежды, воображение. А так как я не могу желать ничего неизвестного, будущее – лишь проекция прошлого. Следовательно, остается одно прошлое. Однако и прошлое, и будущее – полнейшая иллюзия, поскольку то, что было, уже прошло, а то, что будет, еще не настало. Поэтому ни то, ни другое не может считаться реальностью. Таким образом мы видим, что время есть мысль, ум, умственное движение. Однако то, что есть, временем не является. Настоящее, сейчас – это не время. Оно вневременно.

Пребывая в настоящем, которое, как мы уже сказали, временем не является, мы видим, что время – это движение ума. Когда нет умственного движения, нет и мыслей. А когда нет мыслей, Я-мысль или Я-идея исчезает, испаряется.

Время и мысль нас расщепляют, создавая разрыв между тем, что было, и тем, что, предположительно, будет. Время и мысль создают внутренний конфликт, который все мы носим внутри, – конфликт между тем, кем мы являемся и кем якобы должны быть; между тем, что мы собой представляем, и тем, чего от нас хотят; между ожиданиями, которые возлагает на нас семья, родители и общество, и нашими собственными ожиданиями. Это дезинтеграция, разделенность, несущая в себе глубокий конфликт.

Йога указывает именно на эту раздробленность. А главный вопрос таков: возможно ли освободиться от конфликта? Возможно ли дистанцироваться от него или выйти за его пределы? Выход за пределы конфликта означает выход за пределы самих себя, поскольку мы и есть этот конфликт. Мы есть мысль... мы есть время... мы есть конфликт. Поэтому пытаться освободиться от конфликта – значит пытаться освободиться от самих себя.

Вопрос, способны ли мы выйти за пределы конфликта, равнозначен вопросу, способны ли мы быть счастливыми, поскольку в конфликте счастье невозможно. Именно поэтому говорят, что счастье – удел тех, кто умен, кто способен познать себя, познать жизнь, изучать бытие, познать, что представляет собой мир. Ты несчастен, потому что не понимаешь себя, не знаешь, что такое жизнь, и поэтому вступаешь с ней в конфликт.

Необходимо созерцать, видеть и исследовать самого себя, чтобы выяснить, возможно ли выйти за пределы конфликта, который есть я – который есть то, чем я являюсь.

Постичь конфликт очень сложно: трудно что-либо понять, когда мы сами в конфликте. Конфликт отупляет. Скажем, я понимаю ситуацию или людей, но только умом, и говорю: «Умом-то я понимаю, а сердцем – нет». Иными словами, когда мы внутренне разделены, какая-то наша часть полна внимания – часть, но не целое. Это не то же самое, что быть внимательным целиком и полностью.

Чтобы по-настоящему понять или познать что-либо во всех аспектах, нужно присутствовать всем умом, всем сердцем, всем телом, всем своим существом – присутствовать как единое целое. Когда ты разделен, присутствует только ум: ты понимаешь, но лишь на интеллектуальном уровне. Чем глубже конфликт, чем сильнее раздробленность и разделенность, тем сложнее все становится. Итак, вопрос в том, можем ли мы выйти за пределы конфликта, превзойти его.

Единственный способ дистанцироваться не только от конфликта, но от любого порока и слабости – это созерцать то, что есть, оставив в стороне страхи, амбиции, идеи, желания и конфликты. Созерцание должно быть чистым и незамутненным, без нашего вмешательства, без вмешательства ума и желаний. Только тогда возможно созерцать то, что есть, а не то, что нам видится.

Обычно мы созерцаем, интерпретируя созерцаемое и присовокупляя собственное мнение. Но я говорю о том созерцании, которое есть медитация. Многие мне говорят: «Да, но ведь созерцание ничего не изменит! Иными словами, если я жадный или вспыльчивый, если есть некий конфликт и я его созерцаю, я так и останусь жадным или вспыльчивым». Они не понимают, что, пытаясь подавить или изменить конфликт, я лишь создаю еще больший внутренний разлад, поскольку вхожу в конфликт с тем, что созерцаю. Естественно, это не поможет.

Созерцание ставит нас перед тем, что есть, как оно есть. Созерцание помещает нас рядом с деятелем, ведь оно есть не что иное, как простая смена точки зрения: мы перестаем быть инициатором действия и становимся наблюдателем, точнее, наблюдением, поскольку «кто-то» больше не существует. То, чем ты являешься как кто-то или что-то, становится предметом созерцания. Медитирующий и созерцающий становится созерцаемым. Ты превращаешься в объект медитации.

Может показаться, что ничего не изменится, но лишь потому, что мы сами не понимаем, как функционируем. Нужно понимать: то, что нам принадлежит, мы считаем красивым только в течение определенного времени. Как правило, когда мы только что купили машину, мы ей наслаждаемся: она новая и красивая. Первое время все, от одежды до дома, кажется потрясающим. Даже любимый человек. Что же происходит потом? Мы привыкаем. Мы привыкаем даже к тому, что нам в себе не нравится. Поначалу мы видим свои слабости, пытаемся их преодолеть, боремся, создаем еще больший конфликт, и это нам не нравится. Поэтому мы просто привыкаем и забываем о них.

Созерцание – это приглашение принять свои слабости, но не привыкнуть к ним. Не бороться, но созерцать, не давая им превратиться в привычку. Позволить слабостям быть и попробовать их понять.

В созерцании, в медитации есть некая магия: все, что кажется плотным, истончается, испаряется, исчезает. Созерцание действует как кислота: идеи, представления, страхи, выводы и конфликты исчезают. В то же самое время все неуловимое уплотняется: душа, дух, любовь, Самость обретают плотность. Медитация – это магия, которая преображает волны в океан и заставляет увидеть, что в конечном итоге волна, пена и пузыри есть вода, а конфликты, идеи, выводы и мысли есть сознание. Все различия, многообразие и множественность испаряются, и мы пробуждаемся в океане сознания. Так сознание обретает плотность.

Самопознание

30 октября 2011 г.

Почему так трудно понять, что такое страх, свобода, просветление, любовь и т. д.? Чтобы ответить на этот вопрос, необходимо рассмотреть, как именно мы анализируем все в жизни. Каким методом пользуемся, когда хотим узнать, что такое страх или любовь. Если хорошенько разобраться, обычно мы размышляем о соответствующей идее. Этот процесс представляет собой умственное движение — мыслительную деятельность, которая, естественно, связана с прошлым — с известным, с идеями, понятиями, выводами, мнениями, интерпретациями и всем тем умственным материалом, с которым сопряжено мышление.

Возможно ли вообще наблюдать — просто наблюдать с целью изучения, исследования, вопрошания? Возможно ли наблюдать страх, честолюбие, любовь, доброту, сострадание или что-либо еще, если наблюдение происходит на уровне ума? Возможно ли анализировать реальность, оставаясь на уровне мысли? Мысль как таковая теоретична: когда я о чем-то думаю, то проецирую свое прошлое — все то, что я слышал или читал на эту тему, что произошло со мной в этой связи, что я видел и т. д.

Это прошлое составляет часть моего мышления. Я не могу отмести его в сторону, когда думаю о чем-либо: по сути, я всегда рассуждаю в соответствии со своим прошлым. Невозможно исключить прошлое из процесса ментального теоретизирования. Мы все время теоретизируем, и главная беда в том, что мы не способны обрести основу в реальности. Мы остаемся в сфере предполагаемого, теоретического, умозрительного, которое базируется на прошлом опыте.

В своем труде «Апарокшанубхути» Шанкара говорит: *«Notpadyate vinā jñānaṁ vicāreṇānya-sādhanaiḥ»*. Атма-вичарана, то есть самопознание, ни при каких обстоятельствах не должно становиться частью умственного процесса. Если я хочу познать — а речь об экзистенциальном познании того, чем я на самом деле являюсь, — самопознание не может уподобляться умственному процессу, но должно состоять в наблюдении и созерцании.

Это наблюдение — наблюдение реальности фактов, а не теорий, — представляет собой внимательное, осознанное созерцание, полностью свободное от прошлого, готовых суждений и мнений. Созерцать то, что есть, значит оставить в стороне то, что должно быть, на что мы надеемся и чего хотим, и просто созерцать то, что есть. А это невозможно, пока мы проецируем прошлое, известное.

Просто созерцай, смотри... и пусть созерцаемое станет откровением. Единственный способ приблизиться к откровению — это созерцать в безмолвии. Я говорю о том умственном безмолвии, которое мы переживаем, когда приближаемся к созерцаемому настолько близко, что исчезают всякие границы между созерцающим и созерцаемым.

Созерцать Самость в Самости, из Самости — значит созерцать то, что к нам ближе всего. Это и есть самосозерцание, глубоко личное, свободное от всего, что исходит от других, глухое к чужим мнениям, идеям и выводам. Ум сформирован другими, создан другими, потому что он и есть другие. Ум это не я, а они, поскольку в нем нет ничего такого, что бы не исходило от других. Только когда ты смотришь, свободный от чужих мнений, — смотришь в себя, сквозь себя, на себя, не интерпретируя и ничего не привнося, — происходит экзистенциальное откровение: просто созерцание…

Невозможно познать себя, размышляя о самих себе. Именно размышляя о самих себе, мы и создали этот суррогат под названием аханкара, то есть эго. Эго суть не то, что я есть, а то, чем я себя считаю. Размышляя о самом себе, я лишь укреплю себя как эго, как суррогат. Чтобы экзистенциально познать то, чем я являюсь, эго необходимо оставить в стороне и просто созерцать…

В поисках ищущего

28 февраля 2010 г.

Поначалу мы ясно представляем, что нам нужно: деньги, дом, спутник жизни. Нечто зримое, доступное восприятию. Однако по мере того как мы развиваемся, ясность исчезает. Человек, отождествляющий себя с телом, то есть с чем-то плотным, ищет плотного – предметов в мире форм. Когда же мы субъективируем свой поиск, искомое тоже субъективируется, становясь более смутным и менее осязаемым. Мы несомненно движемся вперед, но чем дальше продвигаемся в своем развитии, тем сложнее дать определение тому, что мы ищем. Мы ищем просветления, Самости, Бога… Но что такое Бог?

Пока мы ищем в мире форм, все наше внимание направлено на объект. Когда же стремимся к субъективному, предметом поиска, как и внимания, становимся мы сами – наш внутренний мир. Следовательно, появляется необходимость в самопознании, в самопонимании.

Когда мы ищем Бога и просветления, в какой-то момент нам становится ясно, что мы больше не можем искать чего-то неведомого: прежде всего необходимо понять самих себя. Если мы не поймем себя, не изучим себя, не увидим, каким образом мы рассуждаем и что заставило нас приобрести определенные убеждения, мы не сможем понять, чего ищем и почему. Поэтому самопонимание — очень важный этап.

Когда речь идет о материальном поиске, человек, как правило, ищет денег или чувственных наслаждений, то есть чего-то очень простого. Однако если тот же человек стал религиозным и начал искать Бога и просветления, что, в сущности, изменилось? Бога, просветления или чего-то еще можно искать точно таким же образом, из тех же самых побуждений, что и денег, славы, положения или спутника жизни. Должна произойти более серьезная перемена, чтобы можно было сказать: «Да, это действительно развитие!».

Подлинное возвышение состоит в том, чтобы осознать следующее: прежде чем искать Бога, необходимо понять самого себя. Эта тема требует глубокого изучения и тесно связана с темой действия. Любое действие обусловлено джняной, то есть знанием: знание порождает желание или страх, а они дают начало действию.

Для существования действия необходимо время. Без времени нет движения. Следовательно, без времени действие развиваться не может. А что такое время? Давайте поговорим о сущности времени, а не о его измерителях, таких как часы или календарь. Время есть мысль.

Если как следует вникнуть, если заглянуть в себя, мы увидим, что все происходит в настоящем. Прошлое — это то, что было, то есть мысли: воспоминания, сожаления. Будущее — тоже мысли: ожидания, надежды. Очень важно понять, что настоящее, «сейчас», временем не является. А следовательно, в сейчас нет мыслей. Проверьте сами:

если хотя бы на секунду оказаться в сейчас... мыслей нет. Мысль – лишь прошлое.

Джняна (знание) есть мысль. Присмотритесь: знание представляет собой ту форму, в которой прошлое реагирует на настоящее. И знание, и прошлое есть мысль. Понаблюдайте и увидите. Вот в чем мы живем: в том, что было, и в том, чем нам якобы следует быть. Это относится ко всему, в том числе ко мне самому. Прошлое – это то, каким я был, что видел, что думал, что мне говорили, что я слышал. А будущее – проекция: каким все должно быть, каким должен быть я...

Отсюда возникает желание, ведь желание есть проекция того, что я видел: как бы я выглядел с этим и как бы наслаждался тем. Другими словами, желание тоже есть время, мысль, знание, джняна.

Являюсь ли я чем-то отличным от этого знания? Я то, что я сам о себе знаю. В некотором смысле я есть память, воспоминание.

Я есть время...

Я есть мысль...

Я есть прошлое... Не у меня есть прошлое, а я есть прошлое.

Неслучайно в «Шримад-бхагаватам» (2.9.10) есть этот красивейший стих:

> *pravartate yatra rajas tamas tayoḥ*
> *sattvaṁ ca miśraṁ na ca kāla-vikramaḥ*
> *na yatra māyā kim utāpare harer*
> *anuvratā yatra surāsurārcitāḥ*

В этом стихе сказано, что в трансцендентной обители Господа нет ни времени, ни гун, то есть свойств материальной природы. Мы знаем: когда в священных текстах упоминается обитель Господа – Вайкунтха, рай, – имеется в виду божественное состояние, в котором нет времени. Можем ли мы представить себе такое вневременное состояние, санатану? Речь о состоянии, в котором нет меня.

Другими словами, в сейчас нет не только мыслей, но и тебя. Ты стремишься достичь Вайкунтхи, обители Господа, однако это не ты ее достигаешь: там нет времени, а для твоего существования необходимо время, поскольку ты есть мысль, ты есть память, ты есть время.

Отсюда же возникает страх: у меня в памяти записано событие, которое причинило мне боль, и я не хочу, чтобы оно повторилось. А с другой стороны – желание: у меня есть воспоминания о приятном событии, и я хочу, чтобы оно повторилось. Если я получаю желаемое, то испытываю удовольствие; если не получаю – страдание. Желание и страх берут начало в прошлом, в мысли, которая есть я. Следовательно, не я испытываю желание и страх, а я есть желание и страх.

А поскольку я есть желание и я есть страх, им невозможно противиться. И все-таки я пытаюсь. Что же я делаю, чтобы противостоять страху? Я связываю свой страх с кем-то или чем-то и таким образом отделяю себя от него: «Он меня пугает», «Оно меня пугает». Это ведет к тому, что я называю деятельностью: я желаю чего-то и действую, чтобы его получить; боюсь чего-то и действую, чтобы его избежать.

Гнаться и убегать. В этом вся наша жизнь, история всего человечества. Но разве бегство и погоня – осознанные действия? Разве это не механическая деятельность? Нам кажется, будто поиск удовольствия и бегство от боли чем-то отличаются друг от друга. На самом деле это одно и то же, поскольку у них одна и та же направленность.

Необходимо увидеть это рабство в себе: мы действуем только потому, что гонимся за удовольствием или бежим от боли, а следовательно, всегда движемся в одном и том же направлении. Я раб, я робот. У меня нет иной свободы, кроме свободы бежать от того, что мне не нравится, и гнаться за тем, что нравится. В этом вся моя жизнь! Рабство, страдание, человеческая драма. Я могу безуспешно пытаться подавить страх, но не могу ему противостоять, поскольку я и есть страх.

Поэтому когда ты полностью охвачен страхом или желанием... они исчезают! Ведь ты и есть желание. Желание не есть нечто отдельное. Нет никого, кто желает, никого или ничего отдельного, кто боится.

Это видно и на индивидуальном уровне, и на коллективном, ведь мы и есть коллектив, мы и есть мир. Если я ненавижу – человечество ненавидит; если я негодую – человечество негодует; если я эгоист – человечество эгоистично. История моей жизни – это история человечества: если я раб – человечество порабощено.

А успешные люди? Что они делают со своим успехом? Бегут от боли на большей скорости, хотя и страх преследует их с большей скоростью. Богач гонится за удовольствием и счастьем в более изощренной форме: если есть деньги, можно купить сверхзвуковой самолет, «роллс-ройс» или более изысканные наркотики. Бедняк же гонится за счастьем с помощью бутылки дешевого вина. Однако в сущности оба они в одинаковом положении.

Человечество достигло технического прогресса пугающих масштабов: оно неустанно производит сотовые телефоны и компьютеры, однако люди несчастливы. Раб не может быть счастлив. Если мы неспособны освободиться, не может быть и речи о счастье и покое. Раб не может любить, не может познать настоящего блаженства.

Многие спрашивают себя: «Где Бог? Что есть Бог? Что такое страдание? Что такое боль? Что я такое?». Если подобные вопросы порождены бегством от боли или погоней за раем, за просветлением, за состоянием, в котором я не буду страдать, то мой поиск, быть может, всего лишь очередное действие, составляющее часть этой рабской деятельности. Такое действие ограничивает, порабощает, не дает двигаться в другом направлении.

Необходимо разобраться, не является ли наш поиск частью того же рабства: порожден ли «зов Божий» все тем же рабством, или же это движение Самости – вибрация Самости, побуждающей меня искать истину любой ценой?

Тот, кто чувствует в сердце зов Божий, жаждет истины – не только если она приятна, но даже если она приносит страдание. Даже если придется плакать, как пастушкам гопи. Тот, кто ищет удовольствия, ищет не Бога, а бегства от боли. Бог для такого человека – все равно что сигарета, кофе или более изощренный наркотик, но не полное освобождение от рабства. Истина освобождает как от наслаждения, так и от боли – от всей драмы.

Именно поэтому, когда ищешь Бога, так важно понять самого себя. Почему мы ищем? Чего желаем? Что толкает нас на духовный поиск? Что нами движет? Возможно, мы поймем: боль и страдание обусловлены тем, что мы противимся росту, отказываемся взрослеть и не принимаем действительность такой, какая она есть. Мы не хотим признавать, что все меняется — каждое мгновение. А в реальности, где все меняется, невозможно к чему-то или кому-то привязываться, поскольку в следующий миг то, к чему мы привязались, становится другим! Места, люди, предметы — все меняется.

Быть может, поняв себя, мы постигнем и поток жизни, в котором сознание постоянно проявляется в бесконечном множестве форм. Вместо того чтобы привязываться, нужно течь вместе с сознанием и позволить себе расти и взрослеть — перестать противиться взрослению. Тогда наши действия будут исходить не из прошлого. Это будет уже не поиск аспирина или бегство от боли, а проявление сознания.

То, что есть, как оно есть

30 октября 2011 г.

В одиннадцатом стихе «Апарокшанубхути», этого великого труда Шанкары, сказано:

> *notpadyate vinā jñānaṁ*
> *vicāreṇānya-sādhanaiḥ*
> *yathā padārtha-bhānaṁ hi*
> *prakāśena vinā kvacit*

Как восприятие предметов невозможно без света, так рассвет знания невозможен без вопрошания.

А стих 12 гласит:

> *ko 'haṁ katham idaṁ jātaṁ*
> *ko vai kartā 'sya vidyate*
> *upādānaṁ kim astīha*
> *vicāraḥ so 'yam īdṛśaḥ*

Кто я? Как создан этот мир? Какова его материальная причина? Кто его создатель? Таким должно быть вопрошание.

На мой взгляд, в этих стихах выражена самая суть послания адвайты — в основном потому, что они не религиозны, то есть не пытаются убедить в существовании некой сверхъестественной силы и не проповедуют веру во что бы то ни было. Шанкара не просит нас во что-то поверить. Скорее он призывает исследовать, изучать, вопрошать. В стихе 11 исследование или изучение сравнивается со светом: если мы хотим, чтобы нам что-то открылось, необходим свет — свет исследования, изучения.

Столько всего можно сказать об этих стихах! Столько всего нужно понять!

Давайте проникнемся духом этих стихов — духом исследования: *«Ko 'haṁ katham idaṁ jātaṁ ko vai kartā 'sya vidyate…»* Кто я? Как создан этот мир? Итак, вот он, первый вопрос: «Кто я?».

Что такое атма-вичарана, то есть самовопрошание, самоизучение, самопознание? Что она собой представляет? Многие ученики приходят ко мне и говорят: «Прабхуджи, я исследую, изучаю, спрашиваю себя: "Кто я?"… Атма-вичарана… Но не нахожу ответа — не могу прийти к какому-либо выводу».

Прямо сейчас я есть эго: ментальная сущность, сущность-идея, сущность-мысль, поскольку я есть то, чем я себя считаю. Речь идет о том Я, которое хочет или не хочет, которому нравится или не нравится, которое зовут так или этак; о том Я, которое считает себя счастливчиком или неудачником, чилийцем, индийцем, американцем и т. д. Это Я — продукт мысли. Оно порождено умом — оно и есть ум. Это то, чем я себя считаю. Итак, если мое самопознание, мой поиск ответа на вопрос, кто я такой, состоит в том, чтобы размышлять о самом себе, я лишь укрепляю себя как эго, поскольку я и сам — мысль.

Все это имеет отношение к тому понятию, которое мы пытаемся разобрать. Что хочет сказать Шанкара, когда говорит, что свет есть исследование, изучение, вопрошание, а затем предлагает спросить себя: «Кто я?», исследовать, кто я, изучить, кто или что я такое? В чем заключается это исследование?

То, что мы обычно называем исследованием, на самом деле представляет собой размышление. Если я исследую, что такое страх, то размышляю о страхе. Если исследую любовь, то, соответственно, размышляю о любви. А так как размышление происходит на ментальном уровне, я привношу в него весь багаж прошлого и все свои отношения: любовь к родине, любовь к родителям, любовь к мужу или жене, любовь, которую питают ко мне родители, бабушки и дедушки, любовь к своей футбольной команде и политической партии… любовь, которую видел в фильмах, сериалах и т. д. Я размышляю о том, что такое любовь, вооружившись всем этим багажом и собственным представлением о любви, которое есть не что иное, как мысль, идея — иными словами, нечто умозрительное, теоретическое, не реальное.

Главный вопрос состоит в том, исследование ли это. Можно ли назвать данный процесс изучением или вопрошанием? Вряд ли. Это всего лишь упорядочивание идей — что называется, теоретизирование. Из известного не может возникнуть ничего нового.

Естественно, Шанкара, как и прочие духовные мастера всех религий и духовных традиций, подразумевает под исследованием нечто совершенно иное. Не может быть, чтобы исследование состояло в упорядочивании мыслей или размышлении о чем-то. Размышление теоретично, оно находится на уровне мысли. Оно не реально. Это не то же самое, что изучать реальность страха, реальность любви... нет! Размышление происходит лишь на уровне мыслей, идей.

Итак, возможно ли исследовать, изучать, вопрошать без участия ментального механизма и вмешательства прошлого, известного, воспоминаний? Когда речь идет о том, чтобы созерцать, рассматривать, видеть то, что есть, безотносительно к прошлому, следует оставить в стороне известное и прошлое и просто созерцать то, что есть. Только тогда мы будем исследовать в реальности, на уровне фактов и просто видеть то, что есть, как оно есть... а это и называется медитацией.

Задаваясь вопросом, что такое просветление, многие отвечают себе так: «Если я в иллюзии, значит, просветление — противоположность иллюзии!» Так работает мысль. На самом деле то просветление, которое я создал как умозаключение или идею, есть не что иное, как очередной аспект моего рабства, поскольку все содержит частицу своей противоположности.

Всякое рабство содержит в себе нечто от свободы и наоборот; всякая любовь содержит в себе нечто от ненависти и наоборот. Такое просветление будет содержать в себе нечто от иллюзии, потому что представляет собой лишь новую версию иллюзии. Это свобода раба, любовь ненавидящего. Она возникает и рождается из своей противоположности. Таково «просветление» пребывающих в иллюзии, «свобода» рабов. Это не настоящее просветление, не настоящая любовь, не настоящий страх!

Созерцать что-либо таким, как оно есть, значит не накладывать на созерцаемое свое прошлое, ум или мысли, а просто созерцать...

Смотреть и наблюдать...

Не интерпретируя, не осуждая, ничего не привнося и не примеряя на себя, без вмешательства прошлого и известного...

Только созерцать, как оно есть!

Вблизи, совсем рядом... Чем ты ближе, тем яснее видишь. Чем меньше расстояние между тобой и изучаемым, тем яснее и отчетливее твое восприятие. Поэтому то единственное, что ты по-настоящему можешь исследовать и познать, познать ясно и отчетливо, находится к тебе ближе всего: это то, чем ты на самом деле являешься.

Приложения

Глоссарий санскритских терминов

А

Асана 1) Йогическая поза – неподвижная, устойчивая и удобная. Достигается через осознанность и ведет к выходу за пределы пар противоположностей. Имеет центральное значение в хатха-йоге и составляет третье звено аштанга-йоги. 2) Сиденье, кресло.

Атма-вичарана (также атма-вичара) – самовопрошание, самопознание. Один из основных инструментов веданты (джняна-йоги).

Ахам брахмасми – букв. «я есть Брахман» («Брихадараньяка-упанишада» 1.4.10). Одна из четырех махавакий – великих изречений, содержащихся в Упанишадах.

Аханкара (ахамкара) – букв. «я есть деятель». Эго, ложное отождествление. Аспект ума, ошибочно приписывающий себе события и явления, что проявляется в таких идеях, как «я» и «мое».

Аштанга-йога – букв. «восьмизвенная йога». Описана в «Йога-сутрах» знаменитого мудреца Патанджали Махариши. Состоит из восьми звеньев: яма (ограничения), нияма (предписания), асана (позы), пранаяма (расширение праны), пратьяхара (направление пяти чувств внутрь), дхарана (концентрация), дхьяна (медитация), самадхи (просветление).

Б

Брахман — абсолют, высшая реальность.

«Бхагавад-гита» — букв. «Божественная песнь». Священный текст, входящий в состав «Махабхараты» («Бхишмапарва», главы 25–42). Содержит многочисленные истины и считается наиболее общепризнанным текстом в индуизме, поскольку его авторитет признают все школы санатана-дхармы. Представляет собой беседу Господа Кришны с его учеником, воином Арджуной, в которой Кришна разъясняет Арджуне сущность духовного пути и разных видов йоги.

Бхакти — преданность, глубокая привязанность к Богу и всему, что с ним связано. Чистая любовь.

Бхакти-йога — йога преданности. Направлена на единение с Божественным через возвышение и развитие такого общечеловеческого свойства, как способность любить. Работает с эмоциональным аспектом и призвана очистить сердце и направить его к Богу посредством бескорыстного служения, прославления, молитвы, поклонения и других духовных практик.

Бхуджангасана — поза кобры. Одна из основных асан в традиционной хатха-йоге.

В

Вайкунтха — обитель Господа Вишну, край вечного блаженства. Преданные Господа Кришны считают, что именно туда отправляется душа, достигшая освобождения.

Веданта — букв. «завершение Вед». Первоначально термин относился к разделу Вед, более известному как Упанишады. Позднее стал также обозначать одну из ортодоксальных школ индуизма, которую еще называют уттара-мимамсой. Ее основание приписывается мудрецу Вьясадеве.

Вишнудевананда, Свами (1927–1993) – один из ближайших учеников Свами Шивананды из Ришикеша. По поручению своего гуру преподавал Веданту на Западе. Основатель международных центров и ашрамов Шивананда-йоги и веданты.

Вритти – ментальная волна, мысль.

Вьясасана – букв. «сиденье Вьясы». Почетное наименование сиденья гуру. Термин указывает на то, что каждый духовный учитель – это проявление Шри Вьясадевы, изначального гуру.

Г

Гопи – пастушки Враджи (район Индии), участвовавшие в детских и юношеских играх Господа Кришны. За свою чистую и безусловную любовь к Шри Кришне и бескорыстное служение ему стали символом наивысшей преданности Божественному. Считаются частицами хладини-шакти, то есть энергии наслаждения, полным проявлением которой является Радха.

Гуны – свойства, качества. Три свойства или качества материальной природы (пракрити): саттва (ясность, благость), раджас (страсть) и тамас (невежество, тьма).

Гуру – букв. «рассеивающий тьму». Духовный учитель. Согласно санатана-дхарме, милость гуру – одно из главных условий освобождения.

Д

Джапа — букв. «бормотание, шепот». Повторение мантр мысленно, шепотом, вслух или нараспев. Практикуется при помощи малы (четок).

Джняна — знание, мудрость.

Дикша — обряд посвящения, в ходе которого гуру передает духовному искателю мантру и принимает его в ученики.

Дхарана — концентрация, удержание внимания, сосредоточение ума на одной точке или предмете. Шестое звено аштанга-йоги.

Дхарма — космический или всеобщий закон; сущность или характер чего-либо; долг, праведность, установленный закон или предписанное поведение; религия.

Дхьяна — медитация. Седьмое звено аштанга-йоги. Созерцание того, что есть, как оно есть. Созерцание всего, что только можно созерцать.

И

Иччха — желание.

Й

«Йога-сутры» — основной текст раджа-йоги, написанный мудрецом Патанджали Махариши. В нем изложена система аштанга-йоги.

К

Каббала — букв. «принятие, восприимчивость» (иврит). Древнее мистическое течение в иудаизме.

Карма-йог — человек, посвятивший себя практике карма-йоги.

Карма-йога – йога действия. Направлена на единение с реальностью через действие и отказ от результатов своей деятельности.

Кришна – воплощение (аватара) Господа Вишну. Появился на свет в Матхуре в семье Васудевы и Деваки. Детство провел во Вриндаване и Двараке. Возлюбленный Радхи и пастушек гопи, брат Баларамы, друг и духовный учитель Арджуны, муж Рукмини и более 16 000 других цариц. Одно из главных божеств в санатана-дхарме. Прабхуджи часто использует имя Кришны как синоним Божественного, Абсолюта, Самости, Бога.

Крия – действие, обряд, жертвоприношение, деятельность.

М

Майя – букв. «то, чего нет». Иллюзия, ложное ощущение, будто феноменальный мир отличен от Самости (Брахмана).

Мала – четки, состоящие из 108 бусин и одной дополнительной, называемой сумеру. Могут быть изготовлены из целого ряда священных материалов, таких как туласи, сандал, рудракша, хрусталь и т. д. Выбор материала зависит от читаемой мантры.

Мантра – мощная мистическая энергия, заключенная в звуковую форму из одного или более санскритских слогов. Существует множество мантр для разных целей и случаев. Например, мокша-мантры (освобождающие мантры) необходимо повторять с полной концентрацией и осознанностью, чтобы войти в медитативное состояние.

Мокша – освобождение. Свобода от сансары (колеса перерождений) и осознание своей истинной природы, не отличной от Брахмана.

Н

Нарада (также Нарада Муни) – небесный мудрец (девариши), который путешествует по трем мирам, играя на вине и воспевая Господа Вишну. Во многих священных текстах Нарада служит посредником между богами и людьми. Автор нескольких гимнов Ригведы.

Нирвикальпа-самадхи – неизменное единство. Согласно веданте, высшая стадия самореализации, на которой переживается единство познающего, познаваемого и познания.

Нияма – букв. «предписание». Ряд мировоззренческих и поведенческих принципов практического и конструктивного характера, которым должен следовать духовный искатель. Второе звено аштанга-йоги.

О

Ом – наиболее священная из всех мантр санатана-дхармы. Встречается в начале или в конце большинства ведийских мантр, гимнов и молитв. В священных текстах описывается как изначальный звук, из которого возникает и проявляется все сущее. На письме представлена санскритским символом ॐ.

П

Пада – букв. «стопа». Один из четырех разделов книги.

Пали – язык, на котором написаны самые ранние буддийские тексты.

Патанджали Махариши – знаменитый мудрец и автор «Йога-сутр».

Прана – жизненная сила. Энергия, которая поддерживает все процессы в организме. Течет по многочисленным каналам (нади). Прану часто называют дыханием или воздухом, поскольку это ее наиболее очевидное проявление в теле.

Пранаяма – букв. «расширение жизненной силы». Ряд дыхательных техник, помогающих осознать движение праны. Наряду с асанами, пранаяма – элемент хатха-йоги и четвертое звено аштанга-йоги.

Пратьяхара – отвлечение пяти чувств от объектов и направление их внутрь. Освобождает духовного искателя из-под власти органов чувств. Пятое звено аштанга-йоги.

Пуджа – букв. «почитание». Церемония поклонения божеству или гуру, в ходе которой им подносят огонь, воду, цветы и благовония, а также воспевают прославляющие мантры.

Р

Рага – в классической ведийской музыке – гамма или формула, на основе которой выстраивается музыкальное произведение. Каждая рага создает определенное настроение и соответствует определенному сезону или времени суток. Все раги персонифицированы и обладают индивидуальными особенностями. Женский аспект мужского понятия «рага» называется «рагини».

Раджа-йога – букв. «царственная йога». Направлена на единение с Божественным через ментальный аспект. Занимается исследованием ума с целью выйти за его пределы посредством аштанга-йоги.

Раджас – гуна страсти. Одна из трех гун.

Рамакришна (1836–1886) – один из величайших и наиболее почитаемых духовных мастеров в индуизме. Практиковал разные религии и духовные традиции – как в рамках санатана-дхармы, так и за ее пределами. Пребывая то в двойственном, то в недвойственном состоянии сознания, поочередно испытывал высшее состояние полного единства с Брахманом и экстатическую преданность Матери Кали.

Риши – букв. «видящий». Душа, достигшая самореализации.

С

Садхана – духовная практика.

«Садхана-пада» – букв. «раздел о духовной практике». Вторая глава «Йога-сутр» Патанджали.

Садху-санга – общение со святыми или возвышенными душами.

Самадхи – сверхсознание, просветление. Состояние, в котором человек выходит за пределы иллюзии и познает свою истинную природу. Осознание единства познающего, познаваемого и познания. Восьмое и последнее звено аштанга-йоги.

Санатана – вечный.

Санатана-дхарма – букв. «вечная религия». Ведийская религия, индуизм.

Санга – община, сообщество.

Санньясин – монах. Аскет, отрекшийся от мирских дел и привязанностей ради духовной практики и служения Божеству. Согласно ведийской системе четырех ашрам (стадий жизни), находится на высшей и последней стадии, называемой санньясашрамой.

Санскары — тонкие впечатления, хранящиеся в подсознании и отвечающие за формирование привычек и моделей поведения. Из целого набора таких санскар складывается характер (личность).

Сарвангасана — букв. «поза всех конечностей». Одна из основных асан в традиционной хатха-йоге, также известная как стойка на плечах.

Сатсанг — букв. «общение с истиной». Под этим термином обычно понимается встреча гуру с духовными искателями, учениками и последователями, на которой собравшиеся исполняют религиозные песнопения, а гуру дает наставления и делится духовным знанием.

Сутра — букв. «нить». Традиционный жанр санскритской литературы. Афоризм, в котором максимум мудрости заключен в минимум слов. Термин «сутра» может относиться как к отдельному афоризму, так и к целому тексту, написанному в этом жанре.

Сурья-намаскара — букв. «приветствие солнца». В традиционной хатха-йоге — последовательность из 12 поз, практикуемых в сочетании с правильным дыханием.

Т

Таттва-даршин — видящий Истину. Душа, достигшая самореализации. Просветленный.

Тат твам аси — букв. «ты есть то». Одна из четырех махавакий — великих изречений, содержащихся в Упанишадах. Означает, что индивидуальное Я едино с Абсолютной реальностью (Брахманом).

Х

Хатха-йога – букв. «йога с натугой». Направлена на единение со Всецелостностью через телесный аспект и развитие осознанности. Включает третье и четвертое звено аштанга-йоги.

Ш

Шавасана – букв. «поза трупа». Положение для релаксации. Одна из основных асан в традиционной хатха-йоге.

Шанкарачарья (также Шанкара; 788–820 н. э.) – глубоко почитаемый святой и философ. Считается ярчайшим представителем адвайта-веданты. Автор многочисленных трудов («Атма-бодха», «Ананда-лахари», «Джняна-бодхини» и др.), а также религиозных гимнов и комментариев к «Бхагавад-гите», «Махабхарате», «Брахма-сутре» и десяти главным Упанишадам.

Шанти-мантра – букв. «звуковая вибрация покоя». Мощная ведийская молитва, которая оказывает умиротворяющее воздействие на ум молящегося. С каждой Упанишадой связаны определенные шанти-мантры: их традиционно произносят до или после ее чтения. Кроме того, шанти-мантры повторяют во время ведийских церемоний и ритуалов.

Шастры – писания, священные тексты.

Шивананда, Свами (1887–1963) – глубоко почитаемый духовный мастер. Жил в Ришикеше, преподавал йогу и веданту. Основатель «Общества божественной жизни» и автор более 200 книг по йоге.

Ширшасана – букв. «поза головы». Одна из основных поз в традиционной хатха-йоге, также известная как стойка на голове.

«Шримад-бхагаватам» (также «Бхагавата-пурана») – священный текст, написанный мудрецом Вьясадевой и прославляющий божественные игры разных воплощений Господа Вишну, в особенности Господа Кришны. Считается самой известной и поэтичной из восемнадцати маха-пуран.

Я

Яма – букв. «сдержанность, умеренность». Ряд мировоззренческих и поведенческих установок, которым должен следовать духовный искатель. Ямы призваны очистить искателя и установить мир и гармонию в его душе и окружении. Первое звено аштанга-йоги.

Ямуна – одна из священных рек Индии. Берет начало в Гималаях, течет параллельно священному Гангу и сливается с ним неподалеку от Аллахабада. На берегах Ямуны стоит город Вриндаван. В ее водах купался и играл с пастушками гопи Господь Кришна. Место паломничества для преданных Кришны.

Указатель цитат

oṁ gaṁ gaṇapataye namaḥ
oṁ guṁ gurubhyo namaḥ
oṁ aiṁ sarasvatyai namaḥ

Ом, приветствуем Ганапати (Господа Ганешу)
Ом, приветствуем духовных учителей
Ом, приветствуем Сарасвати

∽

oṁ saha nāv avatu
saha nau bhunaktu
saha vīryaṁ karavāvahai
tejasvi nāv adhītam astu
mā vidviṣāvahai
oṁ śāntiḥ śāntiḥ śāntiḥ

Да защитит он нас обоих [учителя и ученика]. Да ниспошлет он нам обоим блаженство мукти (освобождения). Да познаем мы оба истинный смысл священных писаний. Да возвысят занятия эти дух наш. Да не будет между нами раздоров. Ом, да пребудет с нами троекратный покой.

(Шанти-мантра «Таиттирия-упанишады», «Катха-упанишады» и «Шветашватара-упанишады»)

~

hariḥ oṁ tat sat

Господь Хари есть самая сущность слога «ом» (изначального звука, или шабда-брахмана), который суть Абсолютная реальность (*tat sat*).

~

yogaś citta-vṛtti-nirodhaḥ

Йога есть прекращение умственной деятельности.
(«Йога-сутры» 1.2)

~

tat tvam asi

Ты есть то (Брахман).
(«Чхандогья-упанишада» 6.8.7)

~

pravartate yatra rajas tamas tayoḥ
sattvaṁ ca miśraṁ na ca kāla-vikramaḥ
na yatra māyā kim utāpare harer
anuvratā yatra surāsurārcitāḥ

В обители Господа (Вайкунтхе) материальные гуны страсти (раджас) и невежества (тамас) не имеют силы и не способны замутнить гуну благости (саттву). Над этой обителью не властно даже время, а тем более иллюзорная энергия (майя), для которой путь туда закрыт. И боги (суры), и демоны (асуры) поклоняются там Господу как его преданные.

(«Шримад-бхагаватам» 2.9.10)

∼

dehino 'smin yathā dehe
kaumāraṁ yauvanaṁ jarā
tathā dehāntara-prāptir
dhīras tatra na muhyati

Как в этом теле воплощенный переходит из детства в юность, а затем в старость, так он переходит и в другое тело. Мудрых подобная перемена не вводит в заблуждение.

(«Бхагавад-гита» 2.13)

∼

na hi kaścit kṣaṇam api
jātu tiṣṭhaty akarma-kṛt
kāryate hy avaśaḥ karma
sarvaḥ prakṛti-jair guṇaiḥ

Каждый вынужден действовать в соответствии с качествами (гунами), порожденными материальной природой (пракрити). Поэтому никто не может перестать действовать даже на мгновение.

(«Бхагавад-гита» 3.5)

∼

tad viddhi praṇipātena
paripraśnena sevayā

> *upadekṣyanti te jñānaṁ*
> *jñāninas tattva-darśinaḥ*

Смиренно вопрошай и служи [духовному учителю]. Знающие, узревшие Истину передадут тебе это знание.
(«Бхагавад-гита» 4.34)

~

> *sarva-dharmān parityajya*
> *mām ekaṁ śaraṇaṁ vraja*
> *ahaṁ tvāṁ sarva-pāpebhyo*
> *mokṣayiṣyāmi mā śucaḥ*

Отринь все виды религии и предайся мне одному. Не бойся: я освобожу тебя от всякого греха.
(«Бхагавад-гита» 18.66)

~

> *notpadyate vinā jñānaṁ*
> *vicāreṇānya-sādhanaiḥ*
> *yathā padārtha-bhānaṁ hi*
> *prakāśena vinā kvacit*

Как восприятие предметов невозможно без света, так рассвет знания невозможен без вопрошания.
(«Апарокшанубхути» 11)

~

> *sthira-sukham āsanam*

Асана устойчива и удобна.

(«Йога-сутры» 2.46)

~

prayatna-śaithilyānanta-samāpattibhyām

Асана достигается снятием напряжения и медитацией.

(«Йога-сутры» 2.47)

~

tato dvandvānabhighātaḥ

Достигая асаны, человек также становится неуязвим для пар противоположностей.

(«Йога-сутры» 2.48)

Об авторе

Прабхуджи родился 21 марта 1958 года в Сантьяго, столице Республики Чили. Это иудейский / индуистский мистик, писатель и авадхута, предлагающий взглянуть на проблемы современного человека сквозь призму древнейшей мудрости, известной человечеству.

В восемь лет Прабхуджи пережил мистический опыт, который сделал его страстным искателем Истины и побудил к изучению самых разных религий.

За годы поиска Прабхуджи объездил Южную и Северную Америку, Европу, Ближний Восток и Индию, чтобы встретиться с мудрецами, свами, роши, раввинами, священниками и мастерами разных духовных традиций.

В период с 1995 по 2010 год Прабхуджи принял в свой ашрам нескольких учеников, настойчиво просивших его о посвящении. В 2010 году он окончательно решил не принимать новых учеников, последователей и даже посетителей. С тех пор Прабхуджи занимается главным образом тем, что пишет, рисует, сочиняет музыку, обеспечивает нуждающихся продуктами питания и наставляет небольшую группу серьезно настроенных учеников, которые попросили позволения остаться с ним, так как считают его своим духовным наставником.

Медитация для Прабхуджи – не метод, техника или практика, а образ жизни. Его послание говорит о покое, любви, истине, медитации и просветлении, лежащих в основе всех религий. Его учение указывает на самую суть индуизма, буддизма, иудаизма, христианства, ислама, джайнизма, сикхизма, тантры, хасидизма, веданты, даосизма, дзэна, шаманизма и йоги.

О миссии

Миссия Прабхуджи — это ортодоксальная индуистская религиозная организация, основанная на универсальных религиозных принципах санатана-дхармы (вечного порядка), которые способствуют развитию богопреданности, концентрации, медитации и расширению сознания посредством разных практик. Миссия исповедует индуизм в соответствии со священными писаниями (шастрами), а также либеральным, всепринимающим и экуменистическим видением Прабхуджи, которое он называет трансцендентным сознанием. Иудейский / индуистский мистик Прабхуджи исповедует взаимопонимание и гармонию между индуизмом и иудаизмом, а также братство всех религий.

Об ашраме

Ашрам (монастырь) Прабхуджи расположен в горах Катскилл в штате Нью-Йорк. Это штаб-квартира Миссии Прабхуджи, а также дом самого Прабхуджи и его ближайших учеников. Ашрам занимается реализацией таких гуманитарных проектов, как Раздача продуктов питания и Рождественская раздача игрушек.

Подробная биография Прабхуджи

Давид бен Йосеф Хар-Цион, пишущий под псевдонимом Прабхуджи, – иудейский / индуистский мистик, писатель, художник, композитор и авадхута. Прабхуджи ушел от мира и ведет жизнь отшельника. Свои дни он проводит в уединении: молится, изучает священные тексты, пишет, рисует и медитирует в тишине и созерцании.

Прабхуджи родился 21 марта 1958 года в Сантьяго, столице Республики Чили. В восемь лет он пережил мистический опыт, побудивший его к поиску Истины, или изначальной реальности. Более пятидесяти лет Прабхуджи изучал и практиковал разные религии и духовные традиции. Он посвятил жизнь тому, чтобы углубить свой детский преображающий опыт, ознаменовавший начало его инволюции.

Прабхуджи – признанный авторитет в области восточной мудрости. Он известен своими познаниями в ведическом и тантрическом аспекте индуизма, а также во всех видах йоги (джняна, карма, бхакти, хатха, раджа, кундалини, тантра, мантра и т. д.). Он принимает все религии и обладает глубоким знанием иудаизма, христианства, буддизма, ислама, даосизма и т. д.

На взгляд Прабхуджи, пробуждение на уровне сознания, или выход за пределы эгоического феномена, должно стать следующим этапом в развитии человечества. Он считает, что сущность религии состоит в самопознании. Синкретическое послание Прабхуджи – это послание о распознании сознания.

Духовные искания побудили Прабхуджи обучаться у многих мастеров разных духовных традиций, а также посетить такие далекие от родного Чили страны, как Израиль, Индия и США.

Прабхуджи досконально изучил адвайта-веданту под руководством Парампуджьи Авадхуты Йогачарьи Шри Брахмананды Бабаджи Махараджи, Парампуджьи Свами Дайянанды Сарасвати, Свами Вишнудевананды Сарасвати и Свами Джьотирмайянанды Сарасвати. Кроме того, он обучался у таких известных знатоков веданты, как Свами Свахананда из Миссии Рамакришны и Свами Видитатмананда из «Арша Видья Гурукулам».

Путь бхакти-йоги Прабхуджи изучал под руководством Нарахари Даса Бабаджи из Вриндавана, Сант-Кешавы Даса, Атулананды Махараджи, Парамадвайти Махараджи, Джагадживана Даса, Тамала-Кришны Госвами, Бхагавана Даса Махараджи и Киртанананды Свами.

Мудрость Тантры пробудила в Прабхуджи Матаджи Рина Шарма во время его путешествий по Индии.

Благодаря глубоким познаниям, благословениям духовных учителей, изучению священных текстов и большому преподавательскому опыту, Прабхуджи пользуется международным признанием в области религии и духовности.

Несколько авторитетных религиозных и духовных организаций Индии удостоили Прабхуджи различных званий и дипломов. Он получил звание Бхактиведанты от Е. С. Б. А. Парамадвайти Махараджи, ученика Его Божественной Милости А. Ч. Бхактиведанты Свами Прабхупады и основателя «Вринды». Звание Йогачарьи было присвоено ему Е. С. Свами Вишнудеванандой, учеником Е. С. Свами Шивананды Сарасвати и основателем Организации Шивананды, а также Институтом йогических наук и исследований имени Парамананда (Индор, Индия), Международной федерацией йоги, Индийской ассоциацией йоги и Йогашрамом Шри Шанкарананды (Майсур, Индия). В санньясу Прабхуджи посвятили Е. С. Свами Джьотирмайянанда Сарасвати, основатель Фонда исследований йоги, Е. С. Б. А. Парамадвайти Махараджа и Е. С. Бхактиведанта Атулананда Ачарья Махараджа, два ученика Его Божественной Милости А. Ч. Бхактиведанты Свами Прабхупады. Наконец, в 2011 году Прабхуджи оставил санньясу и был посвящен в высочайший орден авадхута-бабаджи непосредственно Парампуджьей Авадхутой Йогачарьей Шри Брахманандой Бабаджи Махараджей.

Более сорока лет Прабхуджи изучал хатха-йогу под руководством таких авторитетных мастеров в области классической и традиционной йоги, как Е. С. Бапуджи, Е. С. Свами Вишнудевананда Сарасвати (1927 1993), Е. С. Свами Джьотирмайянанда Сарасвати, Е. С. Свами Сатчидананда Сарасвати, Е. С. Свами Вигнянананда Сарасвати и Шри Мадана-Мохана. Прабхуджи обучался на систематических курсах подготовки учителей хатха-йоги в разных престижных организациях, пока не достиг уровня мастера-ачарьи. Он имеет дипломы таких организаций, как «Шивананда Йога Веданта», «Ананда Ашрам», Фонд исследования йоги, Академия интегральной йоги, «Патанджала Йога Кендра», Международная миссия Ма Йога Шакти, Организация прана-йоги, «Ришикеш Йога Питха», Исследовательский центр йоги Свами Шивананды и Исследовательский центр йогасаны Свами Шивананды.

Прабхуджи – член Индийской ассоциации йоги, Альянса йоги (сертификаты E-RYT 500 и YACEP), Международной ассоциации йога-терапевтов и Международной федерации йоги. В 2014 году Международная федерация йоги удостоила Прабхуджи звания почетного члена Всемирного совета йоги.

Сорок лет Прабхуджи преподавал хатха-йогу в разных странах и обучил тысячи людей всевозможных национальностей, культур и профессий, интересующихся йогической методологией и саморазвитием. Он провел бесчисленное множество курсов, семинаров и ретритов и лично подготовил большое число наставников, инструкторов, учителей и мастеров хатха-йоги, многие из которых открыли собственные успешные центры в разных странах мира.

Интерес к сложной анатомии человеческого тела побудил Прабхуджи обучиться хиропрактике в престижном Институте здоровья спины и конечностей (Тель-Авив, Израиль). В 1993 году он получил диплом из рук основателя и директора института, доктора Шейнермана. Позже Прабхуджи получил диплом массажиста в Академии Западной Галилеи. Знания, приобретенные в этой области, углубили его понимание хатха-йоги и способствовали созданию его собственного метода.

Прабхуджи-йога – это система, которую Прабхуджи создал, стремясь усовершенствовать собственную практику и методику преподавания. Она всецело основана на учениях его наставников и священных текстах. Прабхуджи систематизировал различные традиционные техники и разработал методику, подходящую для западных практикующих. Прабхуджи-йога направлена на познание нашей истинной природы. Она включает особую диету, техники очищения, подготовительные упражнения (айоджаны), последовательности поз (виньясы), статичные позы (асаны), дыхательные практики (пранаяму), релаксацию (шавасану), медитацию (дхьяну), а также замки (бандхи) и печати (мудры), призванные направлять и усиливать поток праны. Благодаря всем этим составляющим, Прабхуджи-йога ведет к гармонии, укрепляет здоровье и развивает гибкость.

С самого детства и на протяжении всей жизни Прабхуджи был восторженным поклонником и практиком классического карате-до. С тринадцати лет он изучал у себя на родине различные стили карате, такие как кэмпо и кун-фу, однако специализировался на сётокан-карате в его наиболее традиционной японской форме. Прабхуджи получил черный пояс (третий дан) от сихана Кеннета Фунакоси (девятый дан). Кроме того, он обучался у сэнсэя Такахаси (седьмой дан) и практиковал стиль сёрин-рю с сэнсэем Энрике Даниэлем Уэлчером (седьмой дан), от которого получил черный пояс (второй дан). Благодаря карате-до Прабхуджи приобрел дополнительные знания о физике движения. Он является членом Ассоциации сётокан-карате сэнсэя Фунакоси.

Прабхуджи вырос в творческой среде. Его отец, известный чилийский художник Йосеф Хар-Цион, всегда побуждал сына посвятить себя искусству. Таким образом, любовь Прабхуджи к живописи зародилась еще в детстве. Его абстрактные работы отражают глубины духа.

С самого раннего детства Прабхуджи испытывал особый интерес к почтовым маркам, открыткам, почтовым ящикам и всему, что связано с деятельностью почты. Всю жизнь он занимался изучением филателии и никогда не упускал возможность посетить почтовые отделения в тех городах и странах, где бывал. Со временем он стал экспертом в области филателии и филателистическим дилером, уполномоченным Американским филателистическим обществом. Прабхуджи – член Королевского филателистического общества Лондона, Американского филателистического общества, Общества почтовых марок США, Филателистического общества Великобритании, Национального филателистического общества Великобритании, Общества филателистов Израиля, Общества венгерской филателии и Американской ассоциации филателистических дилеров.

На протяжении всей жизни Прабхуджи сохранял интерес к изучению и практике иудаизма. Одним из величайших источников вдохновения был для него рабби Шалом Дов Лифшиц ТЦЛБ, наставлявший его в изучении Торы. Прабхуджи изучал Талмуд с рабби Рафаэлем Рапапортом Шлита (Поновичем), хасидизм – с рабби Израэлем Лифшицем Шлита и Тору с рабби Даниэлем Сандлером Шлита. Прабхуджи – великий преданный рабби Мордехая Элияху ТЦЛБ, с которым ему посчастливилось встретиться лично благодаря рабби Шалом Дов Лифшицу ТЦЛБ.

В 2003 году была основана Миссия Прабхуджи, призванная сохранить его видение и литературное наследие.

В период с 1995 по 2010 год Прабхуджи принял в свой ашрам нескольких учеников, настойчиво просивших его о посвящении. С 2010 года он больше не принимает новых учеников, последователей и посетителей. Сейчас Прабхуджи наставляет лишь небольшую группу серьезно настроенных духовных искателей, решивших остаться со своим мастером.

В течение своей жизни Прабхуджи изучал и практиковал множество разных религий и духовных традиций. Он всегда считал, что его ученикам необходимо приобрести широкий взгляд на религию, не ограниченный рамками их собственной культуры. Именно поэтому на протяжении многих лет Прабхуджи лично наставлял своих учеников в разных вероучениях и традициях, благодаря чему они обогатились знаниями о мудрости и священных текстах индуизма, буддизма, иудаизма, христианства, ислама, шаманизма и многих других религий. Ближайшие ученицы Прабхуджи (Ма Рамананда, Ма Дургананда, Ма Омкарананда и Ма Муктананда) основали виртуальный Институт Прабхуджи, где делятся знаниями о разных духовных традициях, полученными непосредственно от мастера.

В 2011 году в горах Катскилл (штат Нью-Йорк) был основан Ашрам (монастырь) Прабхуджи, который стал штаб-квартирой Миссии Прабхуджи, а также домом самого Прабхуджи и его ближайших учеников. Ашрам занимается реализацией таких гуманитарных проектов, как Раздача продуктов питания и Рождественская раздача игрушек. Прабхуджи руководит несколькими гуманитарными проектами, исходя из своего опыта, что «Служить части – значит служить целому».

В январе 2012 года проблемы со здоровьем вынудили Прабхуджи официально оставить общественную деятельность и руководство миссией. С тех пор он ведет уединенную жизнь: полностью отгородившись от общества, пишет книги и проводит дни в тишине и созерцании. Прабхуджи делится своим опытом и мудростью только в книгах и видеобеседах.

Прабхуджи – член Американской философской ассоциации, Американской ассоциации преподавателей философии, Американской ассоциации университетских профессоров, Юго-западного философского общества, Гильдии авторов, Национального союза писателей, ПЕН-Америки, Международной ассоциации писателей, Национальной ассоциации независимых писателей и редакторов и Национальной ассоциации писателей.

Среди многочисленных литературных трудов Прабхуджи есть книги на иврите («Йога. Познай свое присутствие», «Классическая хатха-йога», «Комментарии к "Йога-сутрам Патанджали"»), а также на испанском и английском: «Йога. Единство с реальностью», «Тантра. Освобождение в миру», «Кундалини-йога. Сила внутри тебя», «То, что есть, как оно есть», «Бхакти-йога. Путь любви», «Экспериментируя с Истиной», «Духовные истории», а также комментарии к различным священным текстам, таким как «Нарада-бхакти-сутры», «Ишавасья-упанишада», «Бхагавад-гита» и «Бхагавата-пурана».

www.ingramcontent.com/pod-product-compliance
Lightning Source LLC
Chambersburg PA
CBHW020139130526
44591CB00030B/143